Cómo librarse de un psicópata

JACKSON MACKENZIE

Cómo librarse de un psicópata

*Cómo recuperarse de las relaciones
emocionalmente abusivas con narcisistas,
sociópatas y otras personas tóxicas*

EDICIONES OBELISCO

Colección Psicología
Cómo librarse de un psicópata
Jackson MacKenzie

Título original: *Psychopath free: recovering from emotionally abusive relationships with narcissists, sociopaths, and other toxic people*

1.ª edición: enero de 2022

Traducción: *Josep Escarré*
Maquetación: *Juan Bejarano*
Corrección: *TsEdi, Teleservicios Editoriales, S. L.*
Diseño de cubierta: *Enrique Iborra*

© 2015, Jackson MacKenzie
Publicado originalmente por Berkley,
sello editorial de Penguin Random House Inc., USA.
(Reservados todos los derechos)
© 2022, Ediciones Obelisco, S. L.
(Reservados los derechos para la presente edición)

Edita: Ediciones Obelisco, S. L.
Collita, 23-25. Pol. Ind. Molí de la Bastida
08191 Rubí - Barcelona - España
Tel. 93 309 85 25
E-mail: info@edicionesobelisco.com

ISBN: 978-84-9111-812-1
Depósito Legal: B-19.735-2021

Impreso en los talleres gráficos de Romanyà/Valls S. A.
Verdaguer, 1 - 08786 Capellades - Barcelona

Printed in Spain

Dedicado a las Constantes de mi vida.
Gracias por hacerme recuperar la fe
en la bondad de las personas.

No hay sufrimiento que dure mucho tiempo sin nuestra ayuda, dijo ella; entonces me besó y me mandó a jugar de nuevo durante el resto de mi vida.

BRIAN ANDREAS, *StoryPeople*

Introducción

Una aventura

Verse involucrado en una relación con un psicópata es una aventura, eso seguro. Te abrirá los ojos a la naturaleza humana, a nuestra sociedad descompuesta y, quizás lo más importante de todo, a tu propio espíritu. Es un viaje tenebroso en el que te lanzarán conjuros que te harán experimentar la depresión, la rabia y la soledad. Despertará tus más profundas inseguridades, provocándote un vacío persistente que te atormenta cada vez que respiras.

Pero, al final, te curará.

Te volverás más fuerte de lo que eres capaz de imaginar. Comprenderás quién estás predestinado a ser de verdad. Y, finalmente, te alegrarás de que haya ocurrido.

Nadie cree esta última afirmación. Al menos, no de entrada. Pero te lo prometo: es una aventura que merece la pena emprender, una aventura que cambiará tu vida para siempre.

Pero ¿qué es un psicópata? ¿Qué me dices de un narcisista o de un sociópata? Son personas manipuladoras –totalmente carentes de empatía– que, de manera intencionada, causan daño a otras personas sin ninguna clase de remordimiento o responsabilidad. Y, a pesar de algunas diferencias entre cada trastorno, la conclusión es que los ciclos de sus relaciones se pueden predecir, funcionan como un reloj: idealización, desprecio y descarte.

Hace unos años, este ciclo me hizo creer que nunca volvería a ser feliz. De algún modo, el hecho de enamorarme había borrado por completo la conciencia de mí mismo. En lugar de ser alegre y confiado, me había convertido en un irreconocible caos de inseguridades y ansiedad.

No obstante, ahora la vida me parece muy divertida, a veces simplemente correteando por ahí en bañador o comiéndome una *pizza*. Y todo esto gracias a una afortunada búsqueda en Google que me condujo a la psicopatía, la cual me llevó a los amigos que me salvaron la vida. Eso nos llevó a cofundar una pequeña comunidad de recuperación online ¡que ahora llega a millones de supervivientes todos los meses!

En PsychopathFree.com vemos cómo nuevos miembros se unen a nosotros todos los días, siempre con una historia aparentemente desesperada y demasiado familiar. Al sentirse solos y destrozados, se preguntan si algún día volverán a ser felices.

Un año después, es imposible reconocer a esa persona.

En el lugar donde él o ella residen, hay un maravilloso desconocido que, con la cabeza muy alta, ayuda a otros a salir de las tinieblas. Un desconocido que se siente orgulloso de sus mayores cualidades: la empatía, la compasión y la bondad. Un desconocido que habla de autoestima y de límites. Un desconocido que practica la introspección para vencer con más eficacia a sus propios demonios.

Así pues, ¿qué ocurrió ese año?

Bueno, muchas cosas buenas. Tantas que tuve que escribir un libro. Podría ser parcial —en realidad, está claro que lo soy—, pero creo que PsychopathFree.com tiene uno de los procesos de curación más geniales que hay. Creemos en la educación, en el diálogo abierto, la validación y el autoconocimiento. Contamos con una única e inspiradora base de usuarios llena de fuertes valores y sinceras amistades.

Sí, las amistades. Porque este viaje es personal, pero también extraordinariamente universal. Da igual que sea un romance breve, un compañero de trabajo tortuoso, un miembro de la familia abusivo o una aventura que te consume la vida: la relación con un psicópata es siempre la misma. Tu cabeza no para de dar vueltas. Te sientes inútil y perdido. Te adormeces ante cosas que en otros momentos te hicieron feliz.

No puedo arreglar una relación tóxica (porque las personas tóxicas no pueden cambiar), pero puedo ofrecerte un nuevo punto de partida. Y puedo prometerte que volverás a sentir alegría. Aprenderás a confiar en tu intuición. Caminarás por este mundo con la sabiduría de un superviviente y el placentero asombro de un soñador.

Pero, en primer lugar, deberás olvidar todo lo que creías saber sobre la gente. Para entender la psicopatía, hay que abandonar tus instintos emocionales básicos. Recuerda: se trata de personas que se aprovechan del perdón. Se crecen con tu necesidad de pasar página. Manipulan la compasión y explotan la conmiseración.

Desde que el mundo es mundo, los psicópatas han hecho la guerra psicológica a los demás —de forma humillante y vergonzosa—, a víctimas inconscientes que nunca se lo habían pedido, a gente que ni siquiera es consciente de esa guerra hasta que ha terminado.

Pero todo esto está a punto de cambiar.

De modo que di adiós a los triángulos amorosos, a las cartas crípticas, a la baja autoestima y a la ansiedad manufacturada. Nunca más te encontrarás esperando angustiosamente un mensaje de texto de la persona a la que amas. Nunca volverás a censurar tu espíritu por miedo a perder la relación «perfecta». Nunca más volverán a decirte que dejes de analizar demasiado algo que necesita ser urgentemente analizado. Ya no eres un peón en los juegos psicológicos de un psicópata. Eres libre.

Y ahora es el momento de tu aventura.

Con cariño:
Jackson

Cómo detectar
personas tóxicas

Tu intuición fortalecida es la mayor defensa contra una persona manipuladora. Es una habilidad que nunca puede ser explotada, y una vez aprendida, te será útil durante toda la vida.

30 señales de alarma

Existen muchos estudios magníficos sobre los rasgos y las características de los psicópatas. Una rápida busca en Internet te llevará hasta ellos. Las señales de alarma de este libro tienen como objetivo complementar esos recursos.

Así pues, ¿qué tiene de nuevo esta lista? Bueno, por una parte, trata específicamente sobre las relaciones. Pero también trata sobre ti. Cada punto exige introspección y conciencia de uno mismo. Porque si quieres detectar a personas tóxicas, no puedes centrarte únicamente en su comportamiento; eso es tan sólo la mitad de la batalla. También debes ser capaz de reconocer las amenazadoras señales de alarma en tu corazón. Entonces, estarás preparado para lo que sea.

1. **Manipulación psicológica y enloquecimiento.** Los psicópatas niegan descaradamente su conducta manipuladora e ignoran las evidencias cuando se les enfrenta a ellas. Se vuelven desdeñosos y críticos si intentas rebatir sus maquinaciones con hechos. En vez de asumir su inapropiado comportamiento, te hacen sentir culpable por ser «sensible» y estar «loco». Las personas tóxicas te lavan el ce-

rebro para que creas que el problema no es el abuso, sino tu reacción ante el abuso al que te someten.

2. **En realidad, no son capaces de ponerse en tu lugar ni en el de nadie.** Cuando intentas explicarles desesperadamente cómo se sentirían ellos si los trataras así, lo único que hacen es mirarte con cara de no entender nada. Poco a poco, aprendes a no expresarles tus sentimientos, porque normalmente sólo sueles recibir como respuesta el silencio o el enfado.

3. **El máximo exponente de la hipocresía.** «Haz lo que yo digo, no lo que yo hago». Tienen unas expectativas muy altas con respecto a la fidelidad, el respeto y la devoción. Tras esta fase de idealización, no te devolverán nada de todo eso. Jugarán sucio, mentirán, criticarán y manipularán. Sin embargo, esperan que tú sigas siendo perfecto; de lo contrario, serás sustituido inmediatamente y considerado inestable.

4. **Mentiras y excusas patológicas.** Siempre hay una excusa para todo, incluso para cosas que no necesitan ninguna excusa. Inventan mentiras a tal velocidad que no puedes cuestionarlos. Culpan constantemente a los demás; ellos nunca tienen la culpa de nada. Dedican más tiempo a racionalizar su comportamiento que a mejorarlo. Incluso cuando son pillados en una mentira, no demuestran ninguna clase de remordimiento o vergüenza. A menudo, casi da la sensación de que *quieran* ser pillados.

5. **Se concentran en tus errores e ignoran los suyos.** Si llegan dos horas tarde, no se olvidan de que tú llegaste con cinco minutos de retraso a vuestra primera cita. Si les comentas su inadecuado comportamiento, siempre conseguirán rápidamente que la conversación gire en torno a ti. Podrías empezar a adoptar actitudes perfeccionistas, consciente de que cualquier error puede y será usado en tu contra.

6. **Acabarás explicando los elementos básicos del respeto humano a un hombre o una mujer adultos.** La gente normal entiende conceptos fundamentales como la honestidad y la bondad. Aunque a menudo los psicópatas parecen infantiles e inocentes, no te dejes engañar por esta máscara. A ningún adulto, hombre o mujer, debería ser necesario decirle cómo hace sentir a otras personas.

7. **Egoísmo y una desmesurada necesidad de atención.** Los psicópatas absorben tu energía y consumen toda tu vida. Sus deseos de ser adorados son insaciables. Pensabas que tú eras la única persona capaz de hacerles felices, pero ahora sientes que cualquiera podría desempeñar ese papel. Sin embargo, lo cierto es que nadie puede llenar el vacío del alma de un psicópata.

8. **Te acusan de experimentar emociones que ellos provocan intencionadamente.** Te dicen que eres celoso después de que ellos hayan coqueteado descaradamente con un ex, a menudo en las redes sociales, para que todo el mundo pueda verlo. Te dicen que eres dependiente tras haberte ignorado intencionadamente durante días. Utilizan tus reacciones manufacturadas para obtener la compasión de otros objetivos, tratando de demostrar hasta qué punto te has convertido en un «histérico». En algún momento, es probable que te consideraras una persona excepcionalmente tolerante, pero una relación con un psicópata conseguirá (temporalmente) que pienses todo lo contrario.

9. **Acabas haciendo de detective.** Nunca ha ocurrido en otra relación, pero, de repente, estás investigando a la persona en la que en un momento dado confiaste de forma incondicional. Si son activos en Facebook, empiezas a retroceder varios años para rastrear sus publicaciones y sus álbumes. Y haces lo mismo con sus ex. Estás buscando respuestas que no eres capaz de explicar del todo.

10. **Eres el único que ve su verdadera naturaleza.** Da igual lo que hagan, porque ellos siempre parecen contar con un club de fans que los aclama. El psicópata utiliza a esta gente para conseguir dinero, recursos y atención, aunque el club de fans no se dará cuenta de ello, porque esa persona los distrae estratégicamente con frívolas alabanzas. Los psicópatas son capaces de mantener amistades superficiales durante mucho más tiempo que una relación.

11. **Temes que cualquier discusión pueda ser la última.** Las parejas normales discuten para resolver sus problemas, pero los psicópatas dejan claro que las conversaciones negativas pondrán en peligro la relación, sobre todo las que se refieren a su comportamiento. Normalmente, cualquier intento por tu parte de mejorar la comunica-

ción será recibido con un silencio. Te disculpas y perdonas rápidamente, de lo contrario, sabes que perderán el interés por ti.

12. **Tus límites son erosionados lenta y constantemente.** Los psicópatas te critican de forma irónica y condescendiente. Cuando intentas expresarte, sonríen. Las bromas se convierten en el principal modo de comunicarse en su relación. Sutilmente, subestiman tu inteligencia y tus capacidades. Si les comentas esto, te llaman sensible y loco. Puede que empieces a estar resentido y molesto, pero aprendes a desechar estos sentimientos a fin de mantener la paz.

13. **Te desatienden y minan tu autoestima.** Tras haberte dedicado toda su atención y admiración en el pasado, de repente parecen estar totalmente hartos de ti. Te obsequian con silencios y les molesta mucho que te empeñes en continuar la apasionada relación que *ellos* crearon. Empiezas a pensar que eres una lata para ellos.

14. **Esperan que les leas el pensamiento.** Si dejan de comunicarse contigo durante varios días, la culpa es tuya por no estar al corriente de unos planes de los que nunca te hablaron. Siempre habrá una excusa que hará que parezcan la víctima para seguir así. Toman decisiones importantes sobre la relación y se las cuentan a todo el mundo excepto a ti.

15. **Aunque te sientes al límite con esa persona, aún deseas que te guste.** Acabas pensando que gran parte de su cuestionable comportamiento es accidental o inconsciente, porque estás compitiendo constantemente con otros por su atención y sus elogios. A ellos no parece importarles cuando no estás de su parte, porque son capaces de moverse con facilidad para encontrar la siguiente fuente de energía.

16. **Un inusual número de «locos» en su pasado.** Cualquier expareja o amigo que no volvió con él arrastrándose será considerado celoso, bipolar, alcohólico o cualquier otra calamidad. No te llames a engaño: dirán lo mismo de ti a su siguiente objetivo.

17. **Provocan celos y rivalidades sin perder su apariencia inocente.** En un momento dado, te dedicaron toda su atención, lo que hace que resulte muy confuso que empiecen a hacerse a un lado y a centrarse en otras personas. Hacen cosas que te hacen dudar cons-

tantemente del lugar que ocupas en su corazón. Si son activos en las redes sociales, echarán el anzuelo a ex previamente censurados con viejas canciones, fotos y bromas privadas. Atenderán las actividades de la «competencia» e ignorarán las tuyas.

18. **Idealización, bombardeo de amor y adulación.** Cuando os conocéis, todo va muy deprisa. Te dicen lo mucho que tienen en común contigo, lo perfecto que eres para ellos. Al igual que un camaleón, se hacen eco de tus esperanzas, tus sueños y tus inseguridades a fin de establecer un vínculo inmediato de confianza y emoción. Incitan constantemente la comunicación y parecen estar fascinados contigo a todos los niveles. Si tienes página en Facebook, es posible que la inunden con canciones, cumplidos, poemas y bromas privadas.

19. **Te comparan con el resto de la gente que forma parte de su vida.** Te comparan con examantes, amigos, miembros de su familia y tu eventual sustituto. Cuando idealizan, hacen que te sientas especial diciéndote que eres mucho mejor que toda esa gente. Cuando subestiman, utilizan estas comparaciones para hacerte sentir celoso e inferior.

20. **Las cualidades que en el pasado afirmaron admirar en ti se convierten de repente en evidentes defectos.** Al principio, apelan a tu más profunda vanidad y vulnerabilidad, analizando e imitando lo que creen que quieres oír. Sin embargo, cuando ya has mordido el anzuelo, empiezan a utilizar todas estas cosas contra ti. Te pasas cada vez más tiempo cuestionándote si eres digno de la misma persona que en una ocasión te dijo que eras perfecto.

21. **Grietas en su máscara.** Hay momentos fugaces en los que ese personaje encantador, adorable e inocente es sustituido por algo totalmente distinto. Ves un lado de él que nunca salió a flote durante la fase de idealización, y es un lado frío, desconsiderado y manipulador. Empiezas a darte cuenta de que su personalidad no es coherente, que, en realidad, la persona de la que te enamoraste parece que no existe.

22. **Se aburren con facilidad.** Están rodeados constantemente de otras personas, estimulados y elogiados a todas horas. No soportan

estar solos durante un período de tiempo muy largo. Pierden rápidamente el interés por cualquier cosa que no les impacte directamente de un modo positivo o emocionante. Al principio podrías pensar que son excitantes y mundanos, y sentirte inferior por preferir lo familiar y lo consistente.

23. **Triangulación.** Se rodean de examantes, potenciales parejas y cualquier persona que les dedique una atención adicional. Esto incluye a gente que el psicópata puede haber criticado con anterioridad y haber dicho que eran inferiores a ti. Esto hace que te sientas confundido y crea la sensación de que el psicópata está muy solicitado a todas horas.

24. **Abuso encubierto.** Desde una edad muy temprana, la mayoría de nosotros aprendemos a identificar el maltrato físico y los evidentes insultos verbales. Para los psicópatas, sin embargo, el abuso no resulta tan obvio. Es probable que ni siquiera sepas que estabas manteniendo una relación abusiva hasta mucho después de que haya terminado. A través de la idealización personalizada y el desprecio sutil, un psicópata puede erosionar con eficacia la identidad de *cualquier* objetivo que elija. Si alguien lo considera desde fuera, le dará la impresión de que tú te has vuelto «loco», mientras el psicópata se hace a un lado, completamente indemne.

25. **Juegos de piedad e historias de compasión.** Su mala conducta siempre tiene raíces en historias que hacen llorar. Afirman comportarse así debido a un ex, a un padre o a un gato abusivos. Dicen que todo lo que siempre han deseado es un poco de paz y tranquilidad. Dicen que odian los dramas y, sin embargo, están más rodeados de dramas que nadie que hayas conocido jamás.

26. **El ciclo adorable y el ciclo mezquino.** En ocasiones te colman de atenciones y en otras te ignoran o te critican. Te tratan de distinta manera en público y en la intimidad. Un día podrían hablarte de matrimonio y al siguiente romper contigo. Con ellos, nunca sabes dónde estás. Como escribió Rydia, una amiga con la que tomo café por las mañanas: «No hacen ningún esfuerzo, y luego ponen todo su empeño cuando tú intentas librarte de ellos».

27. **Esa persona se convierte en toda tu vida.** Estás dedicando más tiempo al psicópata y a sus amigos y menos a la gente que te apoya. Él es lo único en lo que piensas y de lo que hablas. Te aíslas para asegurarte de que estarás disponible para él. Cancelas tus planes y esperas ansiosamente que suene el teléfono para volver a hablar con él. Por algún motivo, la relación parece exigirte muchos sacrificios a ti pero muy pocos a él.

28. **Prepotencia.** A pesar de la imagen humilde y dulce que dieron al principio, empiezas a detectar en ellos un inconfundible aire de superioridad. Te hablan como si fueras intelectualmente deficiente y emocionalmente inestable. No se avergüenzan en absoluto cuando se trata de presumir de sus nuevos objetivos tras la ruptura, asegurándose de que veas lo felices que son sin ti.

29. **Puñaladas traperas y chismes que cambia a su antojo.** Plantan pequeñas semillas de veneno, chismorreando sobre todo el mundo, idealizándolos a todos cuando están con ellos, para luego criticarlos a sus espaldas. Acabas sintiendo antipatía o resentimiento por gente a la que nunca has conocido. Por alguna razón, incluso podrías sentirte especial por ser la persona de la que él o ella se están quejando. Sin embargo, en cuanto la relación se vuelve amarga, recurren de nuevo a aquellos a los que insultaron, quejándose de lo loco que estás.

30. **Tus sentimientos.** Tu amor y tu compasión naturales se han convertido en un pánico y una ansiedad abrumadoras. Te disculpas y lloras más de lo que lo has hecho en toda tu vida. Apenas duermes, y te levantas todas las mañanas angustiado y desquiciado. No tienes ni idea de lo que le ha ocurrido a la persona relajada, divertida y de trato fácil que solías ser. Después de una relación con un psicópata, pensarás que estás loco y te sentirás agotado, conmocionado y vacío. Harás trizas toda tu vida… Malgastarás el dinero y acabarás con las amistades, buscando la razón que hay detrás de todo ello.

Te darás cuenta de que las personas normales y bondadosas no muestran ninguna de estas señales. Después de una relación con un psicópata, la mayoría de los supervivientes deben afrontar la lucha de la hipervigilancia:

¿En quién puedo confiar de verdad? Durante un tiempo, tu indicador oscilará hacia delante y hacia atrás, como un volátil péndulo. Te preguntarás si te has vuelto completamente loco, esperando lo mejor de un encuentro con un viejo amigo o de una nueva cita, aunque notarás un nudo en el estómago cuando eso ocurra mientras esperas que empiece a producirse un comportamiento manipulador.

El desarrollo de tu intuición es un proceso personal, pero te digo una cosa: el mundo está lleno de buena gente, y no querrás perderte eso porque te hayan hecho daño. Dedica un tiempo a conectar con tus sentimientos. Sigue modulando hasta que encuentres un cómodo equilibrio entre la conciencia y la confianza. Mira en tu interior y trata de comprender por qué te sentiste como te sentías cuando estabas con esa pareja que abusaba de ti y cómo te sentías antes de conocerla. Descubrirás que muchas antiguas relaciones puede que necesiten una revisión. Y a medida que empieces a abandonar los patrones tóxicos, éstos serán inevitablemente sustituidos por otros más sanos.

Citando a un miembro y a un viejo amigo, Phoenix, deja de preguntarte: «¿Les caigo bien?», y empieza a preguntarte: «¿Me caen bien?».

¿QUÉ ES LO NORMAL?

Si tu «alma gemela» pasó de estar fascinada a aburrida en un abrir y cerrar de ojos, no es normal. Si te llamó celoso y loco alguien que te engañó a conciencia, no es normal. Si estabas esperando angustiosamente que en tu teléfono aparecieran mensajes de texto que antes llegaban a cada minuto, no es normal. Si todos los ex eran «bipolares» o estaban «locamente enamorados» de él, no es normal. Los psicópatas son parásitos, están emocionalmente atrofiados y son incapaces de cambiar. Cuando este individuo haya desaparecido de tu vida, descubrirás que todo vuelve a tener sentido. El caos se disipa y recuperas la cordura. Las cosas volverán a ser normales otra vez.

Cuidado con los buitres

Estás dando los primeros pasos para recuperarte de una relación tóxica con un psicópata. ¡Eso es genial! El trabajo que harás no sólo te liberará de las garras de tu abusador, sino que también te permitirá recuperarte a ti, a ese yo que fue pisoteado, vilipendiado y convertido en un caparazón en el que estuviste encerrado. Sé que puede resultar difícil hacer frente a algunas de las verdades que analizaremos, pero también resulta fortalecedor cuando compruebas hasta qué punto has sobrevivido, lo fuerte que eres en realidad.

Cuando empieces a hacer este trabajo, te animo encarecidamente a buscar un profesional de la recuperación o un grupo de apoyo. Necesitarás ayuda y, a veces, un recordatorio alentador de que estás en el buen camino.

Me gustaría hacer una advertencia especial a aquellos de vosotros que sois nuevos en el proceso de recuperación. Tras el abuso de un psicópata, te vas a sentir extremadamente herido y vulnerable. Cuando empieces a recomponerte, te sentirás destrozado, miserable e irritado. Resulta abrumador.

Es probable que estés acostumbrado a reprimir tus emociones y a enfrentarte a las cosas solo. Sin embargo, esta vez, todo está ahí fuera. Eres dependiente como un bebé recién nacido y estás buscando a alguien –cualquiera– que comprenda por lo que estás pasando.

En general, es importante ser abierto con tus emociones. Sin embargo, en los momentos de mayor inseguridad, es posible que, sin darte cuenta, abras las compuertas, exponiéndote a más abusos.

No es ningún misterio que los supervivientes parecen atraer como imanes a más personas patológicas. Cuando compartes frenéticamente tu historia, te agarras a la primera y a la más compasiva persona que quiera escucharte, a alguien que afirme entenderte. El problema es que estas personas no siempre velan por tu bien.

Lamentablemente, los que estén dispuestos a escuchar durante horas tu relación con un psicópata no es probable que sean quienes estén realmente interesados en tu recuperación. Lo más probable es que sean «buitres».

A menudo, al principio los buitres parecen excepcionalmente amables y cariñosos. Quieren curarte y absorber tus problemas. Tus luchas les fascinan. Sin embargo, tarde o temprano te verás metido en otra pesadilla. Empezarán a inundarte con consejos no solicitados. Necesitan constantemente elogios y atención. Nunca te está permitido no estar de acuerdo con ellos. Se nutren del drama y de una insaciable necesidad de ser apreciados por los demás.

Descubrirás que te atacan a medida que empiezas a ser más feliz. Perciben tus progresos como una amenaza para su control. Quieren mantenerte en una perpetua situación de dependencia. Salvo la suya, no quieren que busques la ayuda de nadie más.

Tanto si estas personas son patológicas como si no, no necesitas esta basura tóxica después de todo lo que has vivido.

Insto encarecidamente a todos los supervivientes a que eviten buscar nuevas amistades o relaciones hasta que no hayan transcurrido unos meses. Debes llegar a un punto en el que ya no necesites —o no quieras— seguir hablando de quien abusó de ti.

Cuando necesites ayuda, cíñete a la terapia de un profesional o a los servicios de un grupo de apoyo. Esta gente sabe lo que has vivido, y verás que todos están dispuestos a ayudarte incondicionalmente.

Entiendo la tentación de salir y de conocer gente nueva. Estás buscando una forma de reconstruir tu vida. Quieres estar rodeado de amigos más amables y sinceros.

Y lo harás.

Sin embargo, los amigos de verdad no se comportarán como si fueran tu terapeuta y, decididamente, no divagarán sobre su capacidad para empatizar y cuidar de ti. Sus actos deben ser más contundentes que sus palabras.

Se requiere mucho tiempo para empezar a construir relaciones más sanas. Eso exige romper con las antiguas costumbres, establecer otras nuevas, desarrollar tu intuición y, finalmente, llegar a entender qué es lo que quieres de este mundo.

Así pues, ojo con los buitres. En el mundo de la escritura hay una regla universal que dice «muéstralo, no lo cuentes». Esta regla también se aplica a la gente. Si te encuentras con alguien que te está diciendo constantemente quién es, lo mucho que quiere ayudarte y cómo lo hará, da un paso atrás y analiza cómo se comporta de verdad. Las personas manipuladoras siempre están «hablando», porque no tienen nada bueno que mostrar. Sus actos inadecuados y deshonestos nunca se corresponden con sus prometedoras palabras, provocando una abrumadora disonancia cognitiva en la gente que confía en ellas.

Descubrirás que los seres humanos decentes y humildes no tratarán de decirte quiénes son ni qué pueden hacer por ti. Simplemente te lo demostrarán con su constante amor y su bondad. Nunca necesitarás cuestionarlos, porque sus intenciones siempre son puras. En cambio, los buitres siempre están actuando en su propio interés; quieren ser elogiados y adorados. En una discusión, un «contador» te recordará a menudo lo bien que te trata, incluso después de haberte lastimado flagrantemente. Un «mostrador» simplemente compartirá su punto de vista sin intentar darle la vuelta a la conversación en su favor. Evita a quienes te dicen lo buenos, generosos, triunfadores, honestos e importantes que son. En su lugar, busca a los que hablan menos pero demuestran todos los días estas cualidades con lo que hacen.

La Constante

Ya conoces a los psicópatas. Sabes cuáles son las señales de alarma. Ahora viene la gran pregunta: ¿Tienes realmente una relación con un psicópata? Bueno, a menos que se produzcan avances científicos importantes, no puedo saber con certeza si alguien tiene conciencia o no. En realidad, no creo que exista ninguna estrategia que te permita detectar a un psicópata con el cien por cien de certidumbre.

Afortunadamente, hay otra manera de mantenerse a salvo. Y ésta implica mirar en tu interior. Funcionará con cualquiera, en cualquier sitio, en cualquier momento. Es una pregunta con muchas respuestas.

«¿Cómo te sientes hoy?».

Te lo estoy preguntando en serio, porque la mayoría de la gente podría responder con un vago «bien» y continuar con algún comentario informal sobre su fin de semana, un ascenso en el trabajo o su programa de televisión favorito.

Pero ¿qué me dices de ti? ¿Te sientes vacío? ¿Destrozado? ¿Desesperado? Quizás te has despertado con esa constante punzada en el corazón que consume tu alma como un cáncer. Te pasas el día intentando ahuyentar de tu mente los pensamientos dolorosos, sólo para acabar descubriendo que ella vuelve corriendo hacia ellos. Recuerdos que en otros momentos te causaban una gran alegría, ahora te hacen sentir enfermo. Basculas entre la ira y la depresión porque no eres capaz de decidir cuál de ellas duele menos.

Éstas son las respuestas.

Así pues, cuando sientas todas estas cosas después de una relación, ¿importa algo que tu ex fuera un psicópata, un sociópata, un narcisista o un capullo común y corriente? Las etiquetas no hacen que tus sentimientos sean más o menos válidos. Tus sentimientos son absolutos. Da igual la definición que quieras darle, ellos lo soportarán.

Y esto es lo que sabes acerca de estos sentimientos: alguien ha arrancado tu vida de raíz, introduciendo en ella un nuevo tipo de ansiedad que no habías experimentado hasta ahora. Te han dado a conocer toda una gama de horribles emociones que hacen que cada día parezca insoportable. Durante la relación, puede que te hayas sentido constantemente al límite y desquiciado, preocupado por cualquier error que pudiera marcar el final de tu sueño. Quizás acabaste comparándote desesperadamente con otras personas, intentando recuperar tu legítimo lugar al lado de tu pareja.

Así pues, te lo vuelvo a preguntar: ¿Importa que sean psicópatas por definición?

Ya sabes todo lo que necesitas saber... basándote en tus sentimientos. Te sentiste muy mal con respecto a ellos, ¿verdad? Entonces, ¿por qué mientras duró la relación eso no bastó para confirmar que no debería haber un lugar para esa persona en tu vida?

Porque te adularon e idealizaron. Te engañaron para que te enamoraras –el amor, el más fuerte de todos los lazos humanos–, a fin de que pudieran manipular más fácilmente tus sentimientos.

Las personas tóxicas nos condicionan para que no hagamos caso a nuestra intuición, y debemos aprender a confiar de nuevo en ella. En lugar de juzgar desde fuera, necesitamos percibir desde dentro. En el momento en que empezamos a centrarnos en nuestros sentimientos es cuando comienza la curación. Y si eres como yo, estaremos de acuerdo en esta verdad tan simple: las buenas personas te hacen sentir bien y las malas te hacen sentir mal.

A partir de aquí, todo lo demás vuelve a ocupar su sitio.

No escuches a la gente que dice que tus sentimientos deben ser totalmente independientes del mundo que te rodea. Si tienes un corazón abierto, eso es imposible. Como seres humanos, contamos con este increíble regalo, la capacidad de hacer que otra persona se sienta maravillosa. Con una palabra, un gesto o una simple sonrisa. Esto es lo que hace que el mundo sea hermoso. Hay gente que lo llamaría amor.

Sin embargo, tú has tenido una experiencia con un abusador, con alguien que manipuló ese regalo para provocar dolor. Y ahora quieres saber cómo evitar a personas así para que nunca vuelva a ocurrir. Estás preocupado porque te has vuelto hipervigilante, desconfías de todos y de todo lo que te rodea. Sientes que necesitas algo más. Algo que va más allá de tu intuición.

Y es aquí donde me gusta proponer la idea de una Constante. Tu Constante te consolará y protegerá a lo largo de este libro y durante el resto de tu vida.

Piensa en alguien a quien quieras. Alguien que te inspira constantemente y que jamás te decepciona. Podría ser cualquiera: tu madre, un amigo íntimo, tus hijos, tu gato o un familiar fallecido. En realidad, cualquiera. Podrías pensar que no tienes una Constante. Pero por supuesto que la tienes; incluso puedes inventarte una. Imagínate un poder superior en tu mente, un poder que te proporciona la paz del corazón. De colores vivos, brillante y lleno de vida. Que encarne todas las cualidades que más admiras: la empatía, la compasión, la bondad. Un espíritu afable que siempre te mantendrá a salvo. Y *voilà*, ya tienes una Constante.

Así pues, ahora que ya tienes una Constante en mente (tangible o imaginaria), tengo algunas preguntas. ¿Tu Constante te hace sentir desquiciado? ¿Ansioso? ¿Celoso? ¿Sientes el corazón en la garganta cuando te habla? Cuando estás lejos de tu Constante, ¿te pasas horas analizando el comportamiento de los demás y defendiéndote de hipotéticas discusiones?

Por supuesto que no.

Entonces, ¿a qué se debe eso? ¿Por qué una persona desdeñosa puede hacerte dudar de todo lo bueno que está pasando en tu vida? ¿Cuál es la diferencia entre tu Constante y la gente que te hace sentir como una mierda?

Si aún no eres capaz de responder a estas preguntas, no estás solo. Y eso es lo mejor de todo. No necesitas entender por qué no te gusta estar cerca de una persona. Tienes una Constante, y eso es cuanto necesitas saber por ahora. La autoestima llega más tarde.

Tu Constante es un recordatorio privado de que no estás loco, aun cuando te parezca que estás enfrentándote al mundo entero. Con el tiempo, empezarás a distinguir a las personas que te hacen sentir mal. Te das cuenta de que no tienes por qué aguantar la negatividad cuando hay una Constante que saca lo mejor de ti.

Una vez que te sientas más cómodo con la idea, estarás preparado para hacerte la pregunta más importante de todas: ¿No debería disfrutar de esta misma paz en mi vida con toda la gente?

Por supuesto. Entonces, manos a la obra.

EL ALMA GEMELA
MANUFACTURADA

*Quizás éste sea el más insidioso de todos los males del psicópata:
su ciclo de relación, durante el cual, alegre y sistemáticamente,
aniquila la identidad de una incauta víctima.
Una violación emocional fría y calculada.*

Seducción personalizada

El psicópata te prepara para convertirte en la pareja perfecta. En cuestión de unas semanas, se apodera de toda tu vida, consumiendo tu mente y tu cuerpo con un placer incomparable. Al final, tú deberás convertirte en su nueva fuente de adoración y alabanza infinitas…, pero antes, debes enamorarte. Entonces, tu corazón estará abierto a cualquier sugerencia suya. Hay tres componentes clave en este proceso: idealización, persuasión indirecta y tantear el terreno.

Idealización

La fase de idealización en una relación con un psicópata será distinta a cualquier cosa que hayas experimentado con anterioridad. Te parecerá que estás levitando, perdido en una apasionada fantasía con alguien que te excita a todos los niveles: emocional, espiritual y sexualmente. Él será lo primero en lo que piensas al despertarte por las mañanas, esperando sus alegres y divertidos mensajes de texto para empezar el día. En seguida estarás planeando un futuro con él, olvidándote de la aburrida realidad de la vida. Nada de eso te importa ya. Es la persona con la que quieres pasar el resto de tu vida.

Mientras en tu corazón está ocurriendo todo esto, él está pensando algo totalmente distinto: «Bien. Está funcionando».

El psicópata nunca siente de verdad lo que muestra. Te observa, haciéndose eco de cada una de tus emociones y fingiendo volar tan alto como tú.

Porque cuanto más alto vueles, más dura será la caída.

La idealización es la primera fase en el proceso de seducción del psicópata. Conocida también como bombardeo de amor, derriba rápidamente tu guardia, desbloquea tu corazón y modifica las sustancias químicas de tu cerebro para que te conviertas en un adicto a los centros del placer. El exceso de halagos y cumplidos saca provecho de tus más profundas vanidades e inseguridades…, unas cualidades que probablemente ni siquiera eras consciente de que poseías.

Te colmará constantemente de alabanzas y atenciones por teléfono, a través de la página de perfil de Facebook y por correo electrónico. En cuestión de semanas, compartiréis bromas privadas, nombres de mascotas y bonitas canciones. Cuando mires atrás, comprenderás lo demencial que resultaba todo. Sin embargo, cuando estás sumido en ello, eres incapaz de imaginarte la vida sin todo eso.

Pero ¿cómo lo hace?

Dejando aparte los regalos y los poemas, el psicópata emplea una variedad de técnicas de lavado de cerebro para conquistarte. Durante la fase de idealización, pondrá énfasis en sus puntos principales:

1. Tenemos muchas cosas en común

Tenemos la misma visión del mundo. Tenemos el mismo sentido del humor. Los dos somos muy empáticos; ayudamos constantemente a nuestros amigos y a los miembros de la familia. Somos perfectos el uno para el otro.

El psicópata insiste repetidamente en estos puntos, y a menudo llega tan lejos como para decir: «Somos prácticamente la misma persona». Durante la fase de seducción, los psicópatas observan e imitan. Roban las cualidades de sus víctimas –y casi parecen convertirse en una versión «mejor» de la personalidad de su objetivo–, apropiándose de todas las positivas, sin ninguna de las pesadas emociones que las acompañan. Pero todo esto es puro teatro. Estas cualidades de las que se hace eco, amplificadas, no son más que una fachada. Los psicópatas no sienten ni entienden realmente ninguna de las cosas que imitan. Sólo son capaces de ofrecer una copia superficial y halagüeña de la personalidad de sus víctimas. Nada más. No tienen la profundidad, la compasión ni la empatía propias del ser humano. Como todo el resto de cosas que pueden ofrecer, sus imitaciones son huecas, están vacías.

El psicópata se pasará la mayor parte de la fase de idealización escuchándote y respondiendo con emoción que él o ella sienten lo mismo que tú. Al final llegarás a pensar que es la única persona que conocerás que sea tan parecida a ti. Y estás en lo cierto. Porque es totalmente imposible (y espeluznante) que dos personas sean idénticas en todos los sentidos.

La gente normal tiene diferencias. Es lo que hace que la vida sea interesante. Sin embargo, los psicópatas pueden saltarse este obstáculo porque no tienen ninguna identidad. No tienen conciencia de sí mismos. No tienen experiencias vitales que modelen sus necesidades, sus inseguridades y sus fantasías. Lo que hacen es robarte la tuya. Al igual que un camaleón, imitarán cada aspecto de tu personalidad para convertirse en tu pareja perfecta.

2. Tenemos las mismos sueños y las mismas esperanzas

El psicópata consumirá tu vida actual, pero también se adueñará de tu futuro. A fin de subir las apuestas en la relación, hará muchas promesas a largo plazo. Esto asegura que tú inviertas mucho en la relación. Después de todo, ¿quién desea un romance que no tenga futuro?

El psicópata lleva todo esto un paso más allá, hablando en seguida de grandes momentos de la vida como el matrimonio o irse a vivir juntos. Se trata de decisiones que suelen tardar años en tomarse en una relación sana. Pero en esta ocasión no te hace falta. Ya sabes que pasarás el resto de tu vida con esa persona. Si siempre has soñado con tener una familia e hijos, él encaja perfectamente en ese papel. Si quieres emprender un negocio, será tu mano derecha. Si estás viviendo un matrimonio infeliz, él tendrá ya listo un plan para sustituir a tu cónyuge. (Lo que puede que tú no descubras hasta más adelante es que ese plan siempre parece implicar alguna clase de sacrificio por tu parte, pero nunca por la suya).

3. Tenemos las mismas inseguridades

El psicópata nunca mencionará tus puntos débiles, aunque puede olfatearlos en un segundo. Entonces, se hará eco de tus inseguridades para aumentar tu compasión, a fin de que intentes solucionar sus problemas con la misma atención que tú esperas recibir.

Como persona con empatía, te sientes inclinado de forma natural a consolar a la gente que sufre o que es vulnerable. Esta inclinación al consuelo aumenta cuando tú también reconoces las inseguridades de otra personas como propias. Ves que alguien se siente inferior y crees saber cómo conseguir que se sienta mejor.

El psicópata parece adorar sinceramente todos tus esfuerzos. Te compara con sus ex, idealizándote por encima del resto de la gente. Elogia tu carácter solícito, con lo cual te entran ganas de hacer más cosas por él. Sientes que todos tus esfuerzos son valorados y quieres hacer aún más para demostrarle cuánto te importa. Ves sus inseguridades y le percibes como alguien auténtico, abierto, vulnerable y compasivo, alguien a quien quieres ayudar. Los psicópatas ven las inseguridades de una forma muy distinta: como una herramienta para manipular y controlar.

4. Eres guapo/a

El psicópata está obsesionado con tu aspecto. Nunca conocerás a otro ser humano que comente con tanta frecuencia tu ropa, tu pelo, tu piel, tus fotos o cualquier otra cualidad superficial en la que decidan concentrarse ese día. Al principio, estas palabras se toman como un cumplido. Tu belleza le parece tan increíble que ni siquiera se siente digno de ser tu pareja. Te dice que pasea por el parque y no es capaz de encontrar a una persona más atractiva que tú (no estoy muy seguro de hasta qué punto esto es un cumplido).

Siguiendo con la idea de las inseguridades, empiezas a devolver todos esos cumplidos. Quieres asegurarte de que sean adecuados para que él entienda lo atractivo que crees que es. Y eso es lo que pretende. Al colmarte de cumplidos, sabe que cabe esperar que recuperará en breve toda esa adulación. De pronto, se siente muy cómodo compartiendo fotos suyas contigo. Vuestra relación se convierte en un interminable intercambio de elogios y aprobación.

Empiezas a situar tu autoestima en sus palabras, porque son confiablemente positivas. En realidad, puedes sentirte resplandeciente. Tu cuerpo experimenta cambios a medida que tu confianza aumenta con cada una de sus palabras. Dedicas cada vez más tiempo a mejorar tu aspecto para seguir impresionándole.

5. Jamás me había sentido así en toda mi vida

Aquí es donde empiezan las comparaciones. Te tiene en una alta estima, muy por encima de todas sus otras relaciones. Explica —con detalle— cada una de las razones por las que tú eres mejor que sus ex. No es capaz de recordar la última vez que había sido tan feliz.

Siempre escucharás declaraciones de gran calado como: «No puedo creer lo afortunado que soy». Las afirmaciones como ésta influyen en un innato deseo de hacer felices a los demás. Te convencen de que le estás proporcionando una alegría especial, algo que no es capaz de encontrar en nadie más. Esto se convierte en un motivo de orgullo para ti, saber que eres la persona que quiere a pesar de las muchas otras que lo admiran.

El psicópata dirá que eres «perfecto» y «genial», lo cual se convierte en una abrumadora fuente de disonancia cognitiva cuando esas palabras se transforman inevitablemente en «loco» y «celoso». Cuando trabajes en estos recuerdos, debes recordar que sus cumplidos eran siempre huecos y calculados. Emplea estas tácticas con todo el mundo. Aunque para cada objetivo la fase de idealización será diferente, hay algo que sí se repite en cada relación: realmente, «jamás se había sentido así en toda su vida». Los psicópatas no sienten realmente el amor y la felicidad que con tanta frecuencia proclaman. Ellos se mueven entre el desprecio, la envidia y el aburrimiento. Nada más.

6. Somos almas gemelas

A los psicópatas les encanta la idea de las almas gemelas. Eso implica algo diferente del amor. Implica que hay fuerzas superiores en juego. Que estáis predestinados a estar juntos. Significa que consumen todo tu ser, mente y cuerpo. Crean un vínculo psíquico que perdura hasta mucho después de que la relación haya terminado.

Puede que una pequeña parte de nosotros anhele encontrar a su alma gemela, la persona perfecta que complete nuestra vida, alguien con quien podamos compartirlo todo, que sea nuestro amante y nuestro mejor amigo.

Y no hay nada de malo en eso. No soy capaz de poner más énfasis en este punto. Los psicópatas manipularán tus sueños y tus fantasías, pero eso no invalida ni tus sueños ni tus fantasías ni las convierte en una debilidad.

Tras ser descartados por un psicópata, muchos supervivientes denuncian todo lo referente al pasado de éste, levantando permanentemente la guardia para protegerse de más abusos. Por favor, no lo hagas.

Si crees en las almas gemelas, encontrarás una de verdad. Conocerás a un hombre o a una mujer que estarán llenos de sincera compasión y bondad. Nunca pondrás en entredicho tu corazón por ellos. Tu amor florecerá por sí solo, sin toda esa manufacturada intensidad. El psicópata no era tu alma gemela y nunca lo será. Para ser tu alma gemela debería –por supuesto– tener alma.

Después de haber leído la lista anterior, puede que te sientas enfadado contigo mismo por haber sucumbido a esta hipocresía. Quizás te preguntes: «¿Cómo pude ser tan estúpido?». Pero, por favor, no te autoflageles. No fuiste un objetivo porque fueras estúpido. Todo lo contrario: te eligieron por todas las buenas cualidades que posees. El objetivo perfecto de un psicópata es idealista, indulgente, generoso y romántico. La mayoría de los objetivos son muy selectivos con sus parejas; a menudo se sienten solos y frustrados en el mundo de las citas. Así pues, cuando aparece un psicópata y se hace eco de tus mayores fantasías, pones toda tu alma y todo tu corazón en esa relación. Inviertes en ella todo lo que puedes, emocional, económica y físicamente. Te sientes rápidamente cómodo sincerándote porque el psicópata te idolatra para que creas que has encontrado a «la persona». Esto establece un inmediato vínculo de confianza y familiaridad.

Sin embargo, cuando el psicópata inicie el proceso de desprecio, tratarás de absorber toda la culpa de la relación a fin de restaurar el recuerdo perfecto que tenías de la persona que en el pasado afirmó ser tu alma gemela. Éste es el motivo de que tener conciencia de la psicopatía sea tan importante. Sin la pieza del rompecabezas que falta, sólo es lógico asumir que esa «alma gemela» existió en algún momento y que podría volver otra vez con el amor y la bondad necesarios. Pero en cuanto somos conscientes de la psicopatía, nos damos cuenta de que esa persona nunca existió. Era una imagen en un espejo –una copia en papel carbón– de todo lo que queríamos en una pareja. Cuando los psicópatas pierden este elemento sorpresa, su número de víctimas disminuye significativamente.

Persuasión indirecta

Después de haberte idealizado, los psicópatas están listos para iniciar el condicionamiento de tu conducta. Mediante la persuasión indirecta, son capaces de hacer sutiles sugerencias que al final serán aceptadas por sus víctimas. Mantienen una ilusión de inocencia, porque la mayoría de la gente no creerá que «me hicieron sentir esas cosas».

Un método que utilizan tiene que ver con la forma en que hacen cumplidos. Insultarán a sus ex para halagar a su objetivo, aunque, en realidad, lo que están haciendo es prepararlo. Por ejemplo: al decir «mi ex siempre solía hacer esto, pero tú nunca lo haces», te están *diciendo* que te comportes de determinada manera. Esto no es un cumplido, sino una advertencia de que si repites alguna de las conductas de sus ex, también serás descartado. Es probable que sus ex no hicieran ninguna de esas cosas. Es sólo una manera de que el psicópata te diga indirectamente cómo espera que te comportes. Éstos son algunos de los ejemplos más comunes:

- «Mi ex y yo siempre estábamos discutiendo. Nosotros nunca discutimos».
- «Mi ex siempre necesitaba hablar por teléfono. Tú no eres dependiente ni exigente».
- «Mi ex siempre me estaba atosigando para que consiguiera un trabajo. Tú eres mucho más comprensivo».

Permíteme que te lo repita: esto no son cumplidos. Son expectativas. El psicópata ha elaborado una lista de las emociones y los rasgos humanos que le molestan, y ahora está sembrando esa idea en tu mente: no expreses estas cosas o cualquier otra.

Ahora, cuando tengáis una discusión, intentarás que termine pronto y de la mejor manera posible porque tú no eres como su ex. Cuando no hayas tenido ninguna noticia de él en tres días, no llamarás, porque no quieres ser como su ex. Cuando esté mano sobre mano sin dar golpe, no le dirás nada porque no quieres ser como su ex.

Si te desvías de este plan, lo que obtendrás será su silencio o algún comentario sarcástico sobre tu cambio de comportamiento, un recordatorio de que la idealización podría terminar en cualquier momento.

Éste es el motivo de que la mayoría de supervivientes sientan tanta ira cuando acaba el abuso. Has estado dejando de lado tu intuición y tus necesidades para ser «bueno». Crees que has estado tratando al psicópata de una forma especial que nadie más es capaz de ofrecerle. Y entonces, de repente, sale corriendo en busca de esas mismas personas de las que se ha estado quejando. Mientras tanto, tú has estado reprimiendo las ganas de decirle que busque un trabajo o de llamarle más a menudo o simplemente de ser un buen compañero. Dejaste de lado todo esto porque pensabas que era la única manera de estar con él, de ser bueno.

Debes recordar que la gente normal y empática no hace tales comparaciones sobre la persona a la que ama. Y, desde luego, no lleva la cuenta para que todos los implicados puedan comprobarlo públicamente. Cuando estás enamorado de verdad, no necesitas convencerte a ti mismo ni a los demás de que esta experiencia es mejor que cualquiera de tus pasadas experiencias. Asimismo, si pierdes el interés por una persona, no necesitas convencerte a ti mismo ni a los demás de que esta experiencia es peor que cualquier otra que hayas tenido antes.

Sin embargo, los psicópatas sí hacen esto. Siempre. Porque es una manera estratégicamente ambigua de influir en tu comportamiento.

Falta de apoyo

Los psicópatas dedican superficiales alabanzas y cumplidos sólo para ganarse la confianza. Normalmente, cuando necesitas apoyo emocional de verdad, suelen dar una respuesta vacía o simplemente te ignoran. Con el tiempo, esto te condiciona para no importunarles con tus sentimientos, incluso cuando más necesitas a una pareja, sobre todo si vives una tragedia o caes enfermo. Empezarás a notar que nunca se te permite expresar nada salvo grandes elogios dedicados a ellos. E incluso entonces, se aburrirán en seguida y seguirán adelante en busca de su siguiente objetivo. Incapaces de empatizar con el dolor y el sufrimiento, los psicópatas no saben ser compasivos en los momentos difíciles. Ésta es la razón de que su «apoyo» siempre parezca vacío y, en el mejor de los casos, mecánico.

El ex «loco»

Los psicópatas hablan mucho sobre su ex, más de lo que debería hacerlo cualquier persona que tiene una nueva pareja. Después de haberte hecho sentir como la persona más maravillosa del mundo, en seguida intentan despertar tu compasión compartiendo historias sobre su desagradable ex, que está muy celoso de ti y de vuestra nueva y apasionada relación. Como todas estas historias son completamente inventadas, pueden cambiar –y cambian– a su antojo. Un día, su ex es bipolar, al siguiente son grandes amigos y luego el ex está loco y es un histérico. Y, en poco tiempo, tú te convertirás en ese «ex loco» que utilizará para atraer a una nueva víctima.

Pero ¿qué significan realmente todas estas etiquetas? ¿Cuál es su propósito?

«Mi ex es bipolar»

Insultar a alguien diciendo que es «bipolar» es como insultar a alguien diciendo que es «diabético». El trastorno bipolar es una enfermedad muy grave con una serie de síntomas específicos que son un poco más complicados que esos «cambios de humor que no me gustan». Conocido también como depresión maníaca, se caracteriza por unos inusuales cambios de humor, con episodios recurrentes de manía y depresión. Aunque el trastorno bipolar sea algo real, ¿qué probabilidades hay de que su ex fuera bipolar? Lo más probable es que sea un insulto que el psicópata profiere para suscitar tu compasión. Así pues, no debería sorprender que cuando termine la relación, es muy posible que a ti también te cuelgue esta etiqueta.

Si, de repente, después de una relación con alguien te volviste «bipolar» cuando antes nunca lo habías sido, deberías pensártelo dos veces antes de aceptar el diagnóstico…, sobre todo si éste lo emitió tu ex.

En realidad, lo que tiene el adjetivo «bipolar» es que es una etiqueta perfecta para la víctima ideal del psicópata. Si normalmente eres alegre y optimista, estos rasgos se convierten en tu «manía». Luego, tus comprensibles reacciones ante el abuso de tu pareja se convierten en «depresión». Durante la fase de idealización, cuando el psicópata era encantador y se hacía eco de toda tu personalidad, todo te parecía maravilloso. La vida era increíble. Después, sin embargo, empezó a criticarte y a engañarte, por lo que te enfadaste y lloraste. Comenzó a castigarte con los silencios, exponiéndote en público a nuevos y antiguos amantes. ¿Te molestaste por esto? Estupendo. *Voilà*, ¡eres bipolar!

Me horroriza pensar en el número de víctimas que son erróneamente diagnosticadas a partir de volátiles emociones que fueron provocadas de forma intencionada por alguien. La mayoría de los supervivientes descubren que se tarda entre uno y dos años en recuperar por completo la estabilidad de sus estados de ánimo. Hasta entonces, haz el favor de ser muy cauto a la hora de decidir lo que te pasa.

Nota: Hay millones de adultos que realmente padecen un trastorno bipolar. Si estás preocupado de verdad por tu salud mental, pide opinión a un profesional, pero no a una expareja cuya conducta te ha llevado hasta un libro titulado *Cómo librarse de un psicópata*.

«Mi ex está loco y es un histérico»

Y, decididamente, no merece la pena pensar en cómo llegaron a ser así, ¿de acuerdo?

Pero ahora en serio, reflexionemos un poco sobre ello. Este insulto implica una de estas dos cosas:

1. **Su ex siempre estuvo loco y era un histérico, pero, aun así, por alguna razón, decidió salir con esa persona.** No parece muy sano, ¿verdad?
2. **Algo cambió durante la relación que hizo que su ex se volviera así.** ¿Qué pudo ser exactamente? ¿Rompieron un buen día, sin ningún motivo? ¿O quizás tuvo algo que ver con la constante triangulación, las mentiras, la manipulación y las críticas? Si alguien te dice lo «loco» que está su ex, deberías dar un paso atrás y reconsiderar *de verdad* a esa persona.

Esta descripción sirve para otro propósito: te informa sobre lo que se considera un comportamiento «aceptable». «Loco» e «histérico» son adjetivos que invalidan, devalúan y rechazan. Implican que las reacciones de esta persona eran desmesuradas. También tendrás cuidado de no actuar de esta manera. Esta estrategia te anima a dejar de reaccionar y, por consiguiente, a dejar de defenderte. Haciendo que te cuestiones tu propia cordura, el psicópata es capaz de alejar la atención de su conducta abusiva.

«Mi ex es un amargado»

¿Cómo? En serio, ¿qué significa esto? Es como darle un puñetazo a alguien en la cara y luego decirle «eres un amargado». Bueno, sí, esa persona está amargada porque le pegaste un puñetazo en la cara. ¿Decir «eres un amargado» hace que, en cierto modo, la amargura sea inapropiada?

Una vez más, se trata de devaluar y rechazar. Tras su conducta abusiva, las mentiras y la manipulación, el psicópata espera que sus víctimas simplemente se callen o se humillen. De eso se trata. Cualquier muestra de ira o recelo es equiparada a la amargura. Entonces, ante su nueva pareja, el psicópata se compadecerá de su ex por ser inmaduro y rencoroso, olvidándose de mencionar todos los detalles que sugieren por qué esa persona podría ser de entrada un amargado.

«Mi ex está celoso de nosotros y aún sigue enamorado de mí»

En primer lugar, ¿quién presume de algo así? Resulta tan desagradable, aun cuando sea verdad, que esta especie de recalcitrante arrogancia debería evitarse en cualquier relación de pareja.

Si seguimos profundizando, también deberíamos analizar por qué esa persona es celosa y aún sigue enamorada de él. Normalmente, los psicópatas alardean de sus nuevas víctimas ante todo el mundo pocos días después de que haya terminado su última relación. ¿Sabes lo que produce eso? Una respiración dificultosa, despierta los celos.

Los psicópatas fabrican amor tóxico y desesperado. Y lo que ocurre con este tipo de pasión idealizada y posteriormente devaluada es que es duradera y obsesiva. Los psicópatas preparan a otros para que dediquen todo el tiempo que se pasan despiertos a pensar en ellos y luego hacerlo todo pedazos sin previo aviso. Teniendo en cuenta que los psicópatas están eternamente aburridos y son incapaces de establecer vínculos afectivos, esta transición resulta bastante sencilla para ellos. Sin embargo, para un individuo normal y sano, resulta devastadora. Envías desesperados mensajes de texto en un intento de arreglarlo todo, sin ser consciente de que ellos utilizan estas frenéticas comunicaciones como «prueba» de tu locura para despertar la compasión de su siguiente víctima. Eso te deja con el corazón roto, provocándote inseguridades, la necesidad de defenderte, sentimientos de inferioridad y un millón de preguntas sin respuesta. Ésta es la razón de que cueste tanto tiempo superar una relación con un psicópata.

Estos comentarios sobre los celos también sirven para que su nuevo objetivo se sienta especial, como si fuera el elegido entre los muchos admiradores del psicópata. Éste, gustosamente, engañará a obedientes ex para que en todo momento parezcan estar desesperados.

«En realidad, ¡mi ex era horrible!»

Todo el mundo tiene historias de horror acerca de sus ex. Esto es perfectamente normal. Lo que no es normal es que el nombre de un ex se saque a colación con tanta frecuencia en una nueva relación que empiezas a sentirte como si formara realmente parte de tu relación. Y tampoco es normal criticar a un ex y luego quedar con él todos los días. Confía en tu intuición y recuerda que los psicópatas siempre utilizan a sus ex como herramientas para manipular y persuadir.

La conclusión es ésta: cualquiera que hable tan a menudo y de forma tan negativa sobre su ex no está listo —en el mejor de los casos— para mantener una relación de pareja. Pero en el peor de ellos, esa persona está manipulando todos y cada uno de tus pensamientos, enfrentándote con gente a la que nunca has conocido. Y puedes estar seguro de que el psicópata hablará muy pronto de ti en esos mismos términos a cualquier otro peón de su interminable partida de ajedrez.

Tantear el terreno

Una vez que te han programado, los psicópatas empiezan a experimentar con su recién adquirido control para ver hasta dónde pueden presionarte. Una víctima útil no reaccionará, y está claro que no se defenderá si la situación lo exige. Si la fase de idealización funcionó según lo previsto, deberías invertir más tiempo en mantener la pasión que en no dejarte pisotear.

Durante este período, percibirás pequeños atisbos del lado más oscuro del psicópata. Es posible que, en broma, te llame «puta» en el dormitorio para ver cómo reaccionas. Si estás casado o casada, puede que, como quien no quiere la cosa, se burle de que tu cónyuge ignore por completo la situación. Sutilmente, empezará a socavar tu inteligencia, tus habilidades y tus sueños.

Todo esto son pruebas, y, por desgracia, si estás leyendo este libro es porque las superaste. Si reaccionas negativamente, el psicópata, por supuesto, te asegurará que estaba bromeando. Mientras va tanteando el terreno, tú estarás cada vez más hipersensible. Aunque siempre te has considerado una persona de trato excepcionalmente fácil, ahora te lo estás cuestionando. Dejas de verbalizar tus preocupaciones esperando, con optimismo, que todo siga siendo perfecto.

Mientras te socava, el psicópata también te adula, asegurándose de que las adictivas sustancias químicas del cerebro siguen ignorando a tu intuición y piensas en lo bien que te sientes cuando estás con él.

Si miras hacia atrás y piensas en las primeras etapas de la relación, es probable que recuerdes pequeñas señales de alarma que trataste de ignorar, unas señales que no encajaban del todo con el comportamiento de una «buena persona». Quizás el psicópata fanfarroneó excesivamente sobre lo mucho que aún lo quería su ex. O tal vez se «olvidó» de llamar cuando te dijo que lo haría y se puso en contacto contigo horas después de lo previsto. Probablemente dejó de pagar cuando salíais, permitiendo que te hicieras cargo de la cuenta. ¿Y qué hiciste tú? No le hiciste caso. Le perdonaste de inmediato y seguiste adelante porque estabas decidido a ser diferente, a ser la pareja que podría mantener vuestra felicidad y asumir cualquier cosa, sin importar lo que costara.

Y entonces es cuando la fase de preparación ha terminado.

La erosión de la identidad

El psicópata te despoja de tu dignidad retractándose de todo lo que en un momento dado fingió sentir durante el período de idealización. Se burla de tus sueños, sugiriendo sutilmente que, después de todo, puede que no seas la única persona para él, aunque eso no le impide seguir seduciéndote para conseguir más atención de tu parte. Después de prepararte para que seas dependiente y obediente, emplea este poder para fabricar desesperación y deseo. En un torbellino de abrumadoras emociones, tus fantasías se transforman gradualmente en una inconcebible pesadilla.

Destruir tus límites

Los abusadores emocionales condicionan a sus víctimas para que se sientan avergonzadas, incompetentes e inestables. Esto es porque son unos cobardes, incapaces de mantener relaciones sanas con personas fuertes y con amor propio. A menudo, eligen objetivos que resultan ser inusualmente exitosos e idealistas, porque esa gente tiene más cosas que perder. No obstante, como los abusadores no pueden controlar a alguien con dichas cualidades, destruyen la autoestima del objetivo mediante el desprecio, las burlas y los celos manufacturados. Puede que el objetivo sea de tendencia perfeccionista y se esfuerce por cumplir las imposibles normas del abusador. Esto da lugar a una extraña dinámica en la que el abusador es idealizado a pesar de que es perezoso, deshonesto e infiel, mientras que la víctima es devaluada a pesar de invertir más esfuerzos en esta relación que en cualquier otra que tuvo en el pasado.

Al igual que el papel de lija, el psicópata desgastará tu autoestima mediante un calculado ciclo de «mezquindad y dulzura». Poco a poco, tus estándares caerán tan bajo que te sentirás agradecido por un trato absolutamente mediocre. Como una rana en agua hirviendo, ni siquiera te darás cuenta de lo que ha ocurrido hasta que ya sea demasiado tarde. Tus amigos y tu familia se preguntarán qué ha pasado con el hombre o la mujer que solía ser tan fuerte y enérgico. Disculparás frenéticamente el comportamiento de tu pareja, incapaz de reconocer la dolorosa verdad que se esconde detrás de la relación: algo ha cambiado.

Te pasas horas esperando junto al teléfono, anhelando ese mensaje de texto de la mañana o esa llamada que te prometieron. Cancelas tus planes para ese día para asegurarte de que estarás disponible para él. Empiezas a ser tú quien se pone en contacto con él, dejando de lado la molesta sensación de que no quiere hablar contigo, de que simplemente te está «aguantando». Acabas llenando su Facebook de cumplidos y adorables bromas, tratando de recuperar el sueño perfecto del principio de la relación. Sin embargo, ahora, sus respuestas, en el mejor de los casos, son vacías.

Te inventas historias románticas y exageras sus rasgos positivos ante cualquiera que esté dispuesto a escucharte. Convenciendo a los demás de que es una persona maravillosa, puedes seguir viviendo la mentira. Durante los peores momentos de la relación, es probable que tus amigos y familiares vean al psicópata como la pareja «perfecta» que tú les has descrito. Después de que haya terminado la relación, resultará confuso e incómodo explicar qué pasó realmente. Tus historias sonarán inverosímiles, y tus amigos se preguntarán por qué no has hablado antes. No entenderán que ni siquiera supieras que estabas metido en una relación abusiva.

Mientras te enfrentas a toda esta inesperada ansiedad, el psicópata es capaz de ampliar incluso más tus límites. Ahora te encuentras en una situación de vulnerabilidad, porque estás dispuesto a aguantarlo casi todo siempre y cuando te presten atención.

Sus opiniones sobre tu aspecto son mucho más críticas que antes. De pronto, empiezas a ser consciente de cada pequeña parte de tu cuerpo, comentando con total libertad tus supuestas deficiencias. Incluso podrías desarrollar un trastorno de la alimentación, dejando de cuidarte a fin de mantener su interés. A los psicópatas les fascinan las cuestiones de la imagen y recompensará tus hábitos poco saludables con ocasionales cumplidos para que sigas esforzándote para alcanzar la perfección. Teniendo en cuenta que inviertes toda tu autoestima en sus cambiantes opiniones, tus estados de ánimo se volverán inestables y volátiles.

Ya no se limitará a despreciarte en la intimidad, sino que también empezará a humillarte delante de tus amigos. Sin embargo, siempre lo hará bajo un disfraz con intenciones humorísticas. A ti de dolerá ver que los demás parecen estar de su parte y se echan a reír, a pesar de cómo te hace sentir. A un psicópata no le importa llevar una broma demasiado lejos, y desestimará cualquier preocupación que puedas tener, acusándote de ser hipersensible. Empiezas a aceptar todo esto, interpretando el papel de pareja loca y tonta cuyo único propósito es entretener a su amante. Con el tiempo, acabarás creyéndote esta fachada.

Mientras tanto, sembrará intermitentes recordatorios de la fase de idealización. Si llegas a un punto límite, siempre estará dispuesto a recuperar sus promesas de amor eterno y cariño. Aunque nunca se culpará por su comportamiento, estas superficiales distracciones bastarán para convencerte de que aún sigue siendo la persona de la que te enamoraste. Y eso es lo único que importa.

Emociones manufacturadas

Durante una relación con un psicópata, es probable que experimentes una gama de emociones que no habías sentido hasta entonces: unos celos exagerados, dependencia, rabia, ansiedad y paranoia. Después de cada arrebato, piensas constantemente: «Si no me hubiese comportado de esa manera, puede que se sintiera más feliz conmigo».

Vuelve a pensar en ello.

Ésas no eran tus emociones. Te lo repito: ésas no eran tus emociones. Fueron cuidadosamente fabricadas por el psicópata con el objetivo de que te cuestionaras tu propia naturaleza. A menudo, las víctimas tienen tendencia a creer que pueden entender, perdonar y absorber todos los problemas de una relación. Básicamente, se hacen jaque mate a sí mismas tratando de racionalizar el comportamiento totalmente irracional del abusador.

EL PROVOCADOR EN SERIE

Los provocadores en serie son expertos en buscar personas flexibles y fáciles de manejar. Explotan esta cualidad provocando constantemente a su objetivo con burlas disimuladas, devaluándolo con humor encubierto y una actitud condescendiente. El objetivo intentará evitar el conflicto y seguirá siendo agradable, decidiendo perdonar y justificar ese comportamiento con el fin de mantener la armonía. Sin embargo, el provocador en serie continuará sacando de quicio a su objetivo hasta que finalmente consiga volverle loco. Cuando esto ocurre, el provocador se relajará, fingiendo sorpresa, y se maravillará por lo pasivo-agresivo, irritable y volátil que es su objetivo. Por su parte, el objetivo se sentirá mal inmediatamente, se disculpará y asumirá toda la culpa. Básicamente se siente avergonzado por haber perdido legítimamente la paciencia y comportarse como el provocador en serie se comporta todos los días. La diferencia estriba en que el objetivo siente remordimientos, mientras que el provocador en serie no lo hace. Pase lo que pase, el objetivo debe mantener la calma, mientras que el provocador en serie se cree con derecho a hacer lo que le da la gana.

Por ejemplo: es probable que no te consideraras una persona celosa antes de conocer al psicópata. Puede que incluso te sintieras orgulloso de ser alguien extraordinariamente relajado y de mentalidad abierta. El psicópata se da cuenta de ello y trata de explotarlo. Durante la fase de preparación, te atrae halagando estos rasgos..., no pueden creer lo perfecto que eres. Nunca os peleáis. Nunca hay ningún drama. Si te compara con sus locos y mezquinos ex, eres de trato muy fácil.

Sin embargo, entre bastidores está pasando algo más. Los psicópatas se aburren con mucha facilidad, y la idealización sólo resulta divertida hasta que has mordido el anzuelo. Cuando eso ocurre, tus puntos fuertes se convierten en flaquezas que ellos usan en tu contra. Empiezan a introducir en la relación todo el drama que pueden, abocándote a situaciones imposibles y luego te juzgan por haber reaccionado a ellas.

La mayoría de la gente estaría de acuerdo en que, en una relación, los celos son tóxicos. Sin embargo, existe una gran diferencia entre los celos de verdad y los celos fabricados por los psicópatas.

Fíjate en estas dos (exageradas) conversaciones:

CASO 1:

Novio: Oye, si quieres conocerla, mi vieja amiga del instituto estará en la ciudad.

Novia: ¡No! ¿Por qué necesitas tener más amigas? Ya me tienes a mí.

En este caso, la novia parece tener realmente unos celos que deben ser abordados. Suponiendo que el novio no haya abusado de ella en el pasado, se trata de una demostración de celos inapropiada.

CASO 2:

Novio: Mi ex viene a la ciudad. Ya sabes, esa loca abusadora que aún sigue estando totalmente obsesionada conmigo.

Novia: ¡Oh, lamento oír eso!

Novio: Seguramente quedaremos más tarde para tomar algo. Siempre me ataca cuando bebe.

Novia: Estoy confundida. ¿Podríamos hablar de esto en persona?

Novio: ¿Tienes algún problema con ello?

Novia: ¡No! Ningún problema. Supongo que sólo estaba un poco confundida, puesto que me has dicho que abusó de ti. ¡Espero que todo vaya bien! Está bien que los ex sean capaces de ser amigos.

Novio: Uf, a veces eres tan celosa…

Novia: Lo siento. No pretendo ser celosa. Pero al principio estaba confundida.

Novio: Tus celos están arruinando nuestra relación y creando innecesariamente muchas situaciones dramáticas.

Novia: ¡Lo siento! No tenemos por qué hablar de ello en persona. Lo cierto es que no quería dar esa impresión.

NOVIO: No pasa nada, te perdono. Sólo debemos solucionar esos celos tuyos.

En este caso, el psicópata ha hecho tres cosas:

1. Ha puesto a su novia en una situación imposible que haría sentir celos a cualquier ser humano, sobre todo después de haber dicho lo mucho que lo quiere su ex.
2. Acusarla de ser celosa, aun cuando intentó responderle de forma razonable.
3. Interpretar al «poli bueno» perdonándola por un problema que él ha creado. Esto lo sitúa en su papel favorito de profesor vs. alumno.

Cuanto más se prolongue este abuso, más se planteará ella si realmente tiene un problema de celos.

Y no se limita solamente a los celos. Por ejemplo, podría empezar a sentirse necesitada y dependiente durante la relación con el psicópata. Una vez más, es todo fabricado. ¿Quién fue el responsable de iniciar las conversaciones constantes y en llamar la atención en primer lugar? Son ellos. Una vez se aburren, empezarán a recriminarte que intentes continuar con dinámicas que ellos iniciaron.

Una vez más, la mayor parte de las personas convendrán en que la dependencia en una relación es tóxica. Pero hay una gran diferencia entre la verdadera dependencia y la dependencia creada por un psicópata.

CASO 1:

NOVIA: ¡Ei! Esta noche no vendré porque mi abuela quiere que cenemos juntas. ¡Lo siento!
NOVIO: Oh, Dios, hace tres horas que no te veo. Esto es absurdo. Escríbeme todo el rato.

En este caso, el novio realmente parece sentir ciertas cuestiones relacionadas con la dependencia que deberían ser atendidas. Asumiendo que la novia no haya abusado de él en el pasado, esta es una muestra inapropiada de dependencia.

CASO 2:

Novio: Hola. Hace tres días que no sé nada de ti. Sólo quería saber si estás bien.

Novia: ¡Por Dios! Tengo una vida al margen de ti, ya lo sabes.

Novio: Lo sé, es solo que estaba un poco confuso, porque solía saber de ti cada mañana.

Novia: Eres demasiado dependiente. Tengo cosas importantes que hacer y no puedo dejarlo todo para escribirte.

Novio: Lo siento, no quería sonar dependiente. Era el primer mensaje que te enviaba en tres días.

Novia: No puedo aguantar esto. Nunca en mi vida había conocido a alguien tan dependiente.

Novio: ¡Lo siento! No te volveré a molestar.

Novia: Está bien. Te perdono. Simplemente tenemos que trabajar en esa dependencia tuya.

De nuevo, el psicópata ha hecho tres cosas:

1. Ha puesto a su novio en una situación imposible que haría sentirse necesitado del otro a cualquier ser humano, especialmente, después de haber recibido atención constante en la fase de idealización.
2. Acusarlo de ser dependiente, aun cuando intentó responderle de forma razonable.
3. Jugar el papel de poli bueno perdonándolo por un problema que él ha creado. Esto lo sitúa en su papel favorito de profesora vs. alumno.

Cuanto más se prolongue este abuso, más se planteará él si realmente es una persona dependiente.

Podría seguir así con la paranoia, la ira, la histeria y cualquier otra emoción desagradable que puedas haber experimentado en una relación tóxica. Cuando estás en manos de estas emociones, es normal que te preguntes qué te pasa. Incluso podrías pensar que te estás volviendo loco. Bueno, los psicópatas quieren que creas que estás loco, porque eso te hace parecer más inestable ante el resto del mundo. Sin embargo, cuando ya hayan salido de tu vida, te darás cuenta de que todo vuelve a tener sentido. Si pasaste de ser normal a ser un «loco» y luego volviste a ser normal, no es ninguna locura. Ocurrió porque alguien te estaba provocando.

Debes comprender que en las relaciones sanas, nadie te pondría adrede en esta clase de situaciones. Pusieron a prueba tus límites, e hiciste absolutamente todo lo posible, dadas las circunstancias. En el futuro, nunca deberías permitir que nadie te diga quién eres o cómo te sientes.

Palabrería

A menudo, cuando se siente amenazado o se aburre, el psicópata, en un intento por mantener ocupada tu mente, empleará lo que se da en llamar palabrería. Básicamente, se trata de una conversación absurda. En realidad, no dice nada; sólo está hablando contigo. Antes de que seas capaz de responder a algún comentario indignante, ya está soltando el siguiente. Acabarás mareado. Estudia las señales de alarma y desconecta antes de que te puedan hacer daño:

1. Conversaciones que se muerden la cola

Pensarás que sacaste algo en claro sólo para empezar a discutir de nuevo al cabo de dos minutos. Y es como si nunca hubieras dicho una palabra hasta entonces. El psicópata empezará a recitar la misma cansina basura, ignorando cualquiera de los legítimos argumentos que pudieras haber planteado hace tan sólo un momento. Si algo acaba resolviéndose, será según sus condiciones. Con un psicópata, se plantearán los mismos problemas una y otra vez: ¿Por qué vuelve a ser tan amigo de su ex? ¿Por qué de repente no te presta atención? ¿Por qué parece tan ansioso por colgar el teléfono? Y cada que vez mencionas estos problemas, es como si nunca hubieseis tenido esa discusión en el pasado. Te lo tragas todo y acabas pensando que estás loco y que eres una persona caprichosa cuando él lo decide: «Estoy harto de estar discutiendo siempre sobre esto». Es un tiovivo.

2. Sacar a colación tus errores del pasado e ignorar los propios

Si comentas algo desagradable que está haciendo —como por ejemplo ignorarte o engañarte—, sacará a colación algo malo que hiciste en el pasado y que no tiene nada que ver. ¿Solías beber demasiado? Bueno, entonces su engaño no es tan grave comparado con tu problema con el alcohol. Hace dos años, ¿llegaste tarde a la primera cita? Bueno, entonces no puedes quejarte de él porque te ha estado ignorando durante tres días seguidos. Y que no se te ocurra sacar a colación ninguno de sus errores. Si lo haces, entonces eres un lunático amargado con una lista de agravios.

3. Un tono condescendiente y de superioridad

A lo largo de toda la conversación, se comportará con indiferencia y tranquilidad. Es casi como si se estuviera burlando de ti, analizando tus reacciones para ver hasta dónde pueden llegar. Finalmente, cuando reacciones emocionalmente, será cuando te diga que te calmes, enarcará las cejas, sonreirá con aire de suficiencia o fingirá sentirse decepcionado. El objetivo de la palabrería es desquiciarte y sacar ventaja. Porque, recuérdalo, las conversaciones son competiciones…, como cualquier otro asunto con un psicópata.

4. Acusarte de hacer cosas que ellos también hacen

En discusiones subidas de tono, los psicópatas no tienen vergüenza. Empezarán etiquetándote con sus propias y terribles cualidades. Es algo que va más allá de la proyección, porque la mayoría de la gente proyecta sin ser consciente de que lo hace. Los psicópatas saben que te están acusando de tener sus propios defectos, y están buscando una reacción. Después de todo, ¿cómo podrías no reaccionar ante una hipocresía tan descarada?

5. Personalidades múltiples

Durante una conversación llena de palabrería, es probable que seas testigo de varias de sus personalidades. Es un poco el juego del poli bueno, el poli malo, el poli demente, el poli acosador, el poli siniestro, el poli infantil… Si, cansado de sus abusos y sus mentiras, te alejas del psicópata, invocará un destello de la fase de idealización. Una pequeña tortura para atraerte de nuevo con falsas promesas. Si eso no funciona, empezará a hablar mal de cosas que antes idealizaba. Acabarás preguntándote incluso con quién estás hablando, porque sus personalidades se colapsan mientras intenta recuperar el control. Nuestra querida administradora, Victoria, resumió esto a la perfección: «El diablo en persona se desató en un desesperado ataque de furia después de ser reconocido: giraba, se volvía, se retorcía, escupía, se deshacía en cumplidos, echaba chispas, vomitaba…».

6. La eterna víctima

De algún modo, sus engaños y sus mentiras siempre conducirán a una conversación sobre su pasado de abusos o sobre su ex loco. Terminarás sintiéndote mal por él, incluso cuando haya hecho algo terriblemente malo. Aprovecharás eso como una oportunidad para estrechar lazos con él a través de sus sentimientos supuestamente complejos. Y una vez haya desviado tu atención, todo volverá a ser como antes. No habrá vínculo o conexión espiritual de ningún tipo. El psicópata habla de «abusos», pero, al final, tú eres el único que los está padeciendo.

7. Empiezas a explicar las emociones humanas básicas

Acabas explicando conceptos como la «empatía», los «sentimientos» y la «amabilidad». Los adultos normales no necesitan que nadie les enseñe las reglas de oro del jardín de infancia. Tú no eres la primera persona que ha intentado descubrir el bien en un psicópata, y no serás la última. Te dices a ti mismo: «Si es capaz de entender por qué me siento herido, dejará de lastimarme». Pero no lo hará. Si fuera un ser humano decente, no te habría hecho daño nunca. Lo peor de todo es que fingió ser decente cuando os conocisteis, absorbiéndote con esa personalidad dulce y cariñosa. Sabe cómo ser bueno y amable, pero le parece aburrido.

8. Excusas

Todo el mundo mete la pata de vez en cuando, pero el psicópata pone excusas con mucha más frecuencia de lo que cumple sus promesas. Sus actos nunca se corresponden con sus palabras. Te decepcionas tan a menudo que te sientes aliviado cuando hacen algo medio decente: te condiciona para que seas agradecido cuando te trata con mediocridad.

9. «¿Qué demonios acaba de ocurrir?»

Estas conversaciones te dejan agotado. Tendrás dolor de cabeza, literalmente. Te pasarás horas, incluso días, obsesionado con la discusión. Tendrás la sensación de haberte quedado sin energía emocional y no te verás capaz de hacer nada. Tendrás un millón de argumentos preparados en tu mente, listo para responder a todos los puntos que no fueron abordados en su día. Sentirás la necesidad de defenderte, intentarás plantear una solución diplomática que reparta equitativamente la culpa y que os ofrecerá a ambos la oportunidad de pedir disculpas y hacer las paces. Pero, al final, comprobarás que eres el único que pide perdón.

Luz de gas y proyección

La luz de gas se da cuando el psicópata distorsiona intencionalmente la realidad —a menudo con mentiras y errores triviales— para provocar una reacción y acto seguido negar que alguna vez se haya producido. Como la mayoría de las víctimas, es probable que seas de trato excepcionalmente fácil y que evites reaccionar mientras sea posible. Pero, inevitablemente, te vas a sentir lo bastante frustrado como para acabar hablando, y entonces es cuando el psicópata reescribirá la historia o negará que el incidente haya llegado a ocurrir. Podrías empezar a poner en duda tu propia cordura mientras el psicópata erosiona lentamente tu sentido de la realidad.

Normalmente, la luz de gas no suele ser un abuso flagrante. Podría consistir simplemente en que el psicópata te diga que va a hacer una cosa y luego hacer otra completamente distinta. Por ejemplo: podría decirte que va al gimnasio cuando resulta que va a un restaurante con unos amigos. ¿Cuál es el objetivo de una mentira como ésta? ¿Por qué no decirte sencillamente que va a salir a cenar?

En las etapas tempranas de la relación, podrías haberle preguntado inocentemente qué pasó con sus planes para ir al gimnasio y de forma inevitable empezaría a inventar extrañas excusas carentes de sentido. Sin embargo, a medida que el abuso empeora, lo más probable es que niegue que alguna vez te haya dicho que pensaba ir al gimnasio. Acabarás estando en desacuerdo con él y repitiendo toda la conversación, sólo para descubrir lo mezquino que suena lo que estás diciendo y lo mucho que estás molestando a tu pareja.

EL ENEMIGO NÚMERO UNO

Los psicópatas seleccionan cuidadosamente a sus objetivos e imitan sus personalidades a fin de crear un vínculo inmediato de confianza y familiaridad. Sin embargo, como sólo están actuando, no pueden interpretar siempre ese papel a la perfección. Así pues, inevitablemente, sus objetivos empiezan a detectar pequeñas grietas en su máscara, extraños e inexplicables momentos que simplemente no parecen coincidir con la persona que pretenden ser. Cualquier objetivo que se atreva a señalar estas inconsistencias se convierte instantáneamente en el enemigo número uno. En lugar de admitir la culpa y el engaño, los psicópatas intentarán volver loco a su objetivo. Mediante la manipulación, la triangulación, la luz de gas y el silencio, alentarán inocentemente al objetivo a autodestruirse. En su momento, la mayoría de los objetivos ni siquiera saben que están tratando con una personalidad patológica. Puede que sólo hayan comentado educadamente que «parece que lo que hay entre nosotros ha cambiado». Sin embargo, para un psicópata, éste es el más grave de los insultos, un desafío a su credibilidad como ser humano sano y normal. Así pues, deben tildar a su objetivo de «loco» antes de pasar rápidamente a otra víctima que sabrá apreciar mejor su mundo de mentiras.

Y esto es lo que sucede con las conversaciones provocadas por la luz de gas: *efectivamente*, suenan mezquinas. ¿Quién tiene ganas de discutir sobre por qué los planes para ir al gimnasio se convirtieron en una cena? ¿A quién le importa? En cualquier relación normal, ni siquiera pestañearías por algo así. Sin embargo, con los psicópatas, estas mentiras innecesarias se cuentan con regularidad, y tú te das cuenta de que siempre acabas metido en ridículas conversaciones sin sentido que te hacen parecer un detective obsesionado.

Y, hablando de detectives, si presentas pruebas de la verdad –como un mensaje de texto o un correo electrónico–, el psicópata te castigará con el silencio y dándole completamente la vuelta a la conversación, lo que hará que parezcas un loco y un paranoico. Poco a poco aprendes que te estás convirtiendo en una molestia y que la comunicación franca está oficiosamente prohibida en vuestra relación.

EL AGUJERO NEGRO

Los psicópatas siempre se ven a sí mismos como víctimas, por mucho que hayan tratado de una forma horrible a otra persona. Nunca tienen la culpa de nada; siempre, de un modo u otro, han sido perjudicados. Para ellos, el problema no son sus mentiras, sus engaños, sus robos o sus abusos. El problema es que tú empezaste a darte cuenta de todas esas cosas. ¿Por qué no pudiste seguir siendo feliz como en la fase de idealización? ¿Cómo te atreviste a traicionarlo no dejándote pisotear? Los encuentros con estas personas son como ahogarse en un agujero negro, porque, por mucho daño que te hayan hecho, siempre será culpa tuya.

Smitten Kitten, nuestro inestimable administrador, explica este alucinante proceso de forma clara y coherente:

«Los psicópatas proyectan y te culpan de su comportamiento. Te acusan de ser negativo cuando ellos son las personas más negativas del mundo. Te hacen luz de gas para que creas que el problema no es el abuso, sino tus reacciones normales ante el abuso. Cuando estás enfadado o te sientes herido por sus silencios, sus promesas rotas, sus mentiras o sus engaños, es porque tienes algún problema. Cuando les echas en cara su conducta deshonesta, tú eres el anormal, por ser demasiado sensible, demasiado crítico y por centrarte siempre en lo negativo.

»Todo esto forma parte del proceso de lavado de cerebro: actuar de forma inadecuada, inaceptable y francamente abusiva, para luego darle la vuelta y decir que la culpa es tuya. De forma intencionada, te causan un dolor que no mereces, mientras niegan en todo momento que hayan hecho algo para empezar. Y, además, intentan que la culpa sea tuya, por lo que acabas culpándote de algo que supuestamente ni siquiera ocurrió.

»Sí, vuelve a leerlo. Es así de ilógico.

»Es su "regalo" de despedida: dejarte con toda la culpa del inminente fracaso de la relación. El problema es que nunca tuvo ni siquiera la posibilidad de comenzar.

»Si hubieses conservado el resplandeciente optimismo y la ingenuidad que experimentabas durante la fase de bombardeo de amor, con todos los posteriores abusos y mentiras, todo habría salido bien. Si no hubieses cuestionado las contradicciones y las mentiras que le recordaste de cartas que luego negaron haber mandado; si hubieras seguido siendo obediente y tranquilo, a pesar de las abrumadoras pruebas —pruebas que ellos colocaron sólo para analizarte—, entonces, todo habría salido bien.

»Pero incluso entonces, se aburrirían y se sentirían decepcionados porque no los pillaste o desafiaste. De modo que se inventarían algo para acusarte, para justificar su abuso y montar un escándalo. Da igual lo que hagas: con un psicópata, siempre tienes las de perder. Quieren que creas que tú eres el perdedor, cuando en realidad lo son ellos».

Manipulación sexual

Al principio, el sexo con el psicópata parecía perfecto. Sabía exactamente dónde debía tocarte, qué decir y cuándo hacer lo correcto. Erais totalmente compatibles en la cama, ¿verdad?

Bueno, algo así.

Como todo lo demás, el psicópata también se hizo eco de tus más profundos deseos sexuales. Es por eso por lo que era tan increíblemente apasionado y genial cuando estabais juntos, y por esa razón eso se vive como una violación durante la fase de erosión de la identidad. Porque, en realidad, el psicópata no comparte tus fantasías más íntimas, sino que lo que hace es observar y adaptar su comportamiento para que coincida con el tuyo. Resulta estremecedor ser consciente de esto, porque entonces comprendes que jamás sintió el placer emocional y espiritual que tú sentías. Cuando tú estabas en la situación más vulnerable, él simplemente miraba y aprendía.

Estás viviendo un momento desesperado; necesitas su aprobación sexual y sus cumplidos para sentirte atractivo. Él utiliza esto para controlarte. Se aleja para que parezcas estar desesperado y necesitado. Durante la fase de idealización, siempre quería más de ti. Pero una vez te ha enganchado, empieza a manipularte. Mantiene el sexo a raya, redefiniéndolo como un privilegio cuya llave está en sus manos.

Cuando estás en la cama, acostado junto a él, prácticamente puedes sentir que espera que tú des el siguiente paso. Está listo para burlarse de ti, para que parezcas antinatural y obsesionado con el sexo. Se reirá de ti, insultándote con bromas que ni por asomo son graciosas. El sexo apasionado que recuerdas ha sido sustituido por un juego. Por una competición.

Te hará sentir poco atractivo cuando te diga que su apetito sexual está más bajo que nunca, que lleva semanas sin pensar en el sexo. Lo que eso implica está claro: lleva semanas sin pensar en ti.

Y entonces, cuando empieza la triangulación, te parece imposible creer que haya tenido una vida sexual tan maravillosa con cualquier otra persona. ¿Cómo lo consiguió? Cuando hacíais el amor, parecíais almas gemelas. Le gustaban todas las cosas que te gustan a ti. Pero, recuerda: era algo manufacturado. Si te gustaba algo en la cama, el psicópata ya se percató rápidamente de ello en la fase de seducción. Y con su próxima víctima se percatará de algo totalmente distinto.

Sin saberlo, estableciste un vínculo con un estafador. Tu consentimiento estaba basado en una mentira. Muchos supervivientes se culpan a sí mismos porque no pudieron superar la adicción sexual, que los mantenía unidos a su abusador. Pero la culpa no es tuya. Te engañaron para que sintieras un vínculo abrumadoramente fuerte durante la fase de seducción. Y entonces, el psicópata manipuló eso, jugando con la adicción tóxica que incendiaba todo tu cuerpo.

Vas a recuperar tu libertad sexual, te lo prometo. En PsychopathFree. com mantenemos un diálogo abierto y honesto sobre el sexo. Es una parte muy importante del ciclo de la relación psicopática, y, más importante aún, desempeña un papel esencial en tu proceso de curación. La recuperación requiere un esfuerzo conjunto de la mente y el cuerpo.

El objetivo de transición

Esta sección surge directamente de una conversación que tuve con un amigo muy querido, por lo que, a veces, puede que parezca algo personal. He hecho todos los esfuerzos para que pueda aplicarse a un público más amplio. Es una nota especial para cualquiera que se haya sentido inusualmente descartable en comparación con los otros objetivos del psicópata.

El psicópata siempre está al acecho para dar con su próximo objetivo. Sin embargo, cuando él pasa de una relación «estable» a la siguiente, necesita algo (a alguien) para llenar el vacío entre ambas: un objetivo provisional del que disponer lo antes posible mientras encuentran algo más. Si eres seleccionado como objetivo de transición, puede que la forma en que te traten te parezca un poco distinta de la que ya he descrito. Aunque es probable que el psicópata aún no haya ni siquiera tanteado a su próximo objetivo, sabe que no va a permanecer a tu lado, por lo que quiere que las cosas se desarrollen rápidamente. Por esta razón, hay una tendencia a que tu fase de idealización sea mucho más breve que la de la mayoría de objetivos. Además, la fase de idealización es descuidada: no hay dinero, ni acciones ni un trato especial. Sólo palabras. Te inundará de palabras que tú absorberás, porque quieres creer en ellas a toda costa. Sin embargo, como ya empiezas a darte cuenta, sus actos nunca coinciden con sus palabras.

Pero, para ti, la relación lo significa todo, una atención y un aprecio que nunca habías experimentado hasta entonces. Apela a tus sueños más profundos de hacer feliz a otra persona, a pesar de todo el presunto dolor y tristeza. Tienes la sensación de que el psicópata te conoce muy bien. Después de tanto dolor y tanta frustración, por fin has encontrado un alma gemela.

Desgraciadamente, nada de todo esto es verdad. Para el psicópata, tú sólo eres una mera distracción. Los psicópatas son especialmente indiferentes con los objetivos de transición; en realidad, no les importan en ningún sentido, y te dejan con la sensación de que están siendo unos insensibles. Tiendes a sustituir su abuso con tu amor, con la esperanza de poder recuperar la breve fase de idealización. A menudo, los objetivos experimentan disonancia cognitiva, intentando proyectar sus razonamientos en una persona irrazonable. Sin embargo, el comportamiento del psicópata no es ni accidental ni involuntario.

Y luego llega el momento más doloroso: te descartan y salen corriendo con otra persona con la que, de repente, parecen dispuestos a comprometerse. Se van a vivir juntos, cuelgan fotografías, comparten los gastos y viven la vida con la que tú siempre habías soñado. Es el último insulto, teniendo en cuenta que tú no recibiste ese trato especial. Básicamente, en cuanto obtuvieron el poder y el control sobre ti, se sintieron revitalizados y listos para emprender su siguiente gran aventura.

Estadísticamente, la mayoría de las víctimas de una relación abusiva con un psicópata vuelven siete veces con sus abusadores antes de que por fin se den cuenta de que la forma en que las trataron es inaceptable y los dejen para siempre. En el caso del objetivo de transición, no es exactamente así. He aquí las formas en que se desarrollan los dos tipos de relación.

Relación típica con un psicópata:

Idealizar, menospreciar, idealizar, menospreciar, idealizar, menospreciar (repetir) → *Al final, un punto de ruptura.*

Esto es lo que consiguen los objetivos de transición:

Fase de idealización mediocre con grandes promesas que te hacen sentir increíble → *De repente, una ruptura inesperada.*

Esto deja al objetivo de transición sin un final, porque ni siquiera puedes mirar retrospectivamente el ciclo de violencia que vive la mayoría de la gente. Sin quererlo, después del abandono estás básicamente en el limbo; has pasado de estar a una altura ridícula a caer devastadoramente bajo, sin tiempo o perspectiva para darte cuenta de lo que acaba de ocurrir. Es una tortura emocional. Sólo te quedas con un amor intenso y un horrible descarte.

Los psicópatas utilizan la manipulación con todos sus objetivos; siempre es igual. La diferencia estriba en que los objetivos de transición nunca experimentan la fase de idealización «completa», con un poco de tiempo y estabilidad hasta que todo acaba estallando. Esto se debe a que el psicópata nunca tuvo intención de que el objetivo de transición se convirtiera en una parte estable de su vida. Eras perfecto para lo que ellos querían en ese momento: atención y admiración.

Sin embargo, también se dieron cuenta de que eras emocionalmente inteligente y excepcionalmente intuitivo. El hecho de que estés leyendo este libro significa que el psicópata nunca se conformó contigo, porque en el transcurso de los meses, los años o las décadas, fuiste capaz de ver más allá de su fachada. Necesitaba a alguien que no lo pillara. Nunca.

De modo que sí, por un lado, la eventual víctima a largo plazo es útil, porque verbalizará las mentiras y los engaños del psicópata. Pero, por otro lado, el psicópata está resentido en silencio con esas personas porque que no son capaces de ver más allá de su fachada. Es extraño, ¿verdad? Finge dar esa imagen perfecta y feliz, de «bienestar», aunque prefiere la emoción de alguien más empático, de alguien que realmente padezca la tortura de su manipulación. Sin embargo, el psicópata en raras ocasiones puede tener a personas así permanentemente, por lo que él o ella las utiliza durante los períodos de transición, como un subidón antes de asentarse. (De vez en cuando, sin embargo, acabará pasando años con una persona muy empática. Conozco a varias personas así gracias al foro. Normalmente, suelen estar atrapados en una relación psicopática porque han tenido hijos con el psicópata. A menudo, estas dinámicas suelen conducir a horribles rupturas).

Muchos supervivientes cuentan historias de bombardeos de amor que carecían del cortejo que se dio en el siguiente objetivo o en el ex del psicópata. Nunca pasaste tanto tiempo con él como los demás, ¿no es cierto?

En lugar de eso, viviste una aventura mucho más breve, que se interrumpió de forma brusca en plena fase de idealización, con una erosión de la identidad increíblemente agresiva. Y entonces, de repente, sienta la cabeza con otra pareja, mientras tú te preguntas cómo es capaz de pasar años con esa persona cuando contigo ni siquiera fue capaz de aguantar unos meses.

Y ésa es la cuestión: normalmente, los psicópatas no pueden durar mucho tiempo con personas empáticas (salvo en casos en los que haya hijos y una manipulación a largo plazo), porque tienes tendencia a absorber su veneno. En efecto: arrasan con todo y te convierten en un perfecto esclavo de su manipulación. Pero hay un inconveniente: al final, tú, de forma inconsciente, le escupes ese veneno en la cara. Aunque no quieres echar a perder la fase de idealización, te das cuenta de que no eres capaz de dejar de señalar sus mentiras y su cambio de comportamiento.

Los objetivos de transición y los objetivos de verdad acabaron descubriendo el fondo más despreciable de los psicópatas. Aunque eso es algo que ellos nunca admitirán, siempre sentirán un amargo respeto por las personas que son capaces de ver quiénes son realmente. Y, al mismo tiempo, también sentirán un fuerte resentimiento por aquellas que no son capaces de hacerlo, aunque eso es todo lo que son capaces de sentir a largo plazo. Ésa es la razón por la siempre pierden y reinventan las reglas del juego, para convencerse a sí mismos de que su elección es la correcta.

Pero lo cierto es que los psicópatas sientan la cabeza. Siempre lo hacen. Y ésta es la razón por la que necesitan destruirte antes de hacerlo: necesitan convencerse a sí mismos de que no están perdiendo nada especial. Así pues, ¿por qué no hacer que te autodestruyas o incluso que te inflijas daño a ti mismo? Perfecto, por fin se han disipado esas molestas dudas.

Y, desde tu punto de vista, ésta es la razón de que estés tan resentido y enfadado. Su falso reconocimiento te animó a hacer muchas cosas. Te preguntas por qué el psicópata no pudo ser un cretino desde el principio a fin de que no desperdiciaras tu tiempo y tus emociones. En lugar de eso, utilizaron palabras y promesas para lavarte el cerebro de forma que dieras, dieras y siguieras dando. Así pues, cuando ellos no sólo no aprecian eso –sino que en realidad lo que hacen es destruirte–, te quedas destrozado y vacío. Y entonces los ves salir corriendo con otra persona, compartiendo los gastos, sentando un poco la cabeza… Eso te lleva a pensar: «Bueno, después de todo, quizás es capaz de mantener una relación. Quizás el problema era yo».

No, el problema no eras tú. Y nunca lo serás.

Ponerse a la defensiva

Si te estás enfrentando a un psicópata, da por hecho que en algún momento hará acusaciones infundadas sobre ti, sobre todo si estás empezando a recopilar las señales de alarma de su comportamiento. Esos insultos tienen un objetivo muy concreto: ponerte a la defensiva.

¿Por qué?

En realidad, es mucho más sencillo de lo que piensas. Por defecto, la gente que se defiende parece culpable. Da igual que lo sea o no. En cuanto empiezan a defenderse, se forman opiniones y se lanzan acusaciones. ¿Es injusto? Tenlo por seguro. Pero así es como reacciona a menudo la gente. Hemos visto vidas que han sido destruidas por este fenómeno: a un hombre falsamente acusado de violación se le seguirá considerando un violador, aun cuando se haya demostrado que es inocente. La verdad no importa. Ya nadie se fía de él.

Así pues, el psicópata dice toda clase de ridiculeces, y, de pronto, te estás defendiendo de acusaciones que no habrías imaginado ni en sueños. ¿Cómo ibas a hacerlo? Tu reputación está siendo manchada (si no por los demás, por la pareja que supuestamente te ama). Entonces, cuando intentas demostrarles que están equivocados, es cuando da comienzo la programada autodestrucción.

El psicópata puede sentarse, relajarse y disfrutar del espectáculo. Puede señalar tranquilamente a la histérica víctima y decir: «Dios mío, pobre loco…». Básicamente, provoca tu ira, y luego, con toda la calma, la utiliza para probar su punto de vista.

Puede que intentes poner al descubierto sus mentiras: «Él es el embustero, ¡aquí está la prueba!», o «Me engañó, ¡aquí está la prueba!», o «Les hizo lo mismo a sus otras parejas, ¡aquí está la prueba!». El problema es que a nadie le importan las pruebas. Sólo ven que estás intentando defenderte desesperadamente, y como te estás defendiendo, pareces ser el culpable.

Esto es lo más importante que se debe recordar: defenderse sólo empeorará las cosas. A veces, menos es más, y ésta es una de esas ocasiones. ¿Piensas que tienes una respuesta perfecta a sus ridículas difamaciones? Sí, el psicópata cuenta con eso. De hecho, ha elaborado cuidadosamente sus insultos para asegurarse de ello. Ataca las cosas que tú más valoras, porque son las que en tu vida defenderás con más pasión.

Y no te equivoques: es intencionado.

Para él, la forma más fácil de absorberte es acusarte de hacer cosas que ellos mismos han hecho. Para ti, resulta casi demasiado fácil señalar su hipocresía. Y ésa es la cuestión: sí, resulta demasiado fácil. Porque es una trampa. Si tienes una réplica perfecta a toda su basura, es porque hay una razón. No caigas en la trampa. El psicópata quiere que estés a la defensiva, intenta ponerte a prueba ante todo el mundo. Una vez has mordido el anzuelo, su trabajo ha concluido.

Aburrimiento

Cuando tienes un mal día, a veces te basta con estar a solas para recuperarte y resolver las cosas. Quizás te gusta dedicar el tiempo que pasas solo a crear, escribir, cocinar, imaginar, meditar, pintar o soñar. O quizás sólo quieras echar una merecida siesta. En mi opinión, tanto si eres introvertido como extrovertido, los ocasionales momentos de tranquilidad parecen ser una necesidad humana universal.

Sin embargo, éste no es el caso de los psicópatas.

El tiempo que pasan a solas puede que sea una de las pocas cosas que realmente perturba a estas personas, que, por lo demás, son aparentemente frías y tranquilas. Al no tener conciencia, no tienen mucho en lo que pensar por iniciativa propia. Y sin gente que las alimente con adoración y atenciones, el aburrimiento se apodera rápidamente de ellos.

Los psicópatas siempre están aburridos y buscan constantemente estímulos externos para evitar esta molesta situación. No soportan estar solos durante un período demasiado largo de tiempo. Los seres humanos sanos aprenden a disfrutar de la tranquilidad y la introspección: así es como descubrimos algunas de las cosas más importantes acerca de nosotros mismos. En cambio, los psicópatas no tienen nada que descubrir. Pasan su tiempo libre haciéndose eco de los demás y copiando sus mejores rasgos. La empatía nos permite poner en práctica la imaginación y la creatividad –dos de las cualidades humanas más maravillosas–, mientras que los psicópatas sólo pueden imitarlas.

En varios foros dedicados a psicópatas que se reconocen como tales, hay frecuentes discusiones sobre cómo hacer frente al abrumador aburrimiento que consume su vida cotidiana. No es de sorprender que la mayoría de respuestas tengan que ver con el sexo, el alcohol, las drogas y, por supuesto, la manipulación de otras personas.

Las relaciones proporcionan al psicópata la forma más estable y fiable de aliviar el aburrimiento, porque en cuanto te tienen enganchado, pueden contactar contigo en cualquier momento en busca de cumplidos, atenciones y alabanzas. Y una vez tengan otros objetivos a su alcance, se sienten seguros para empezar a abusar emocionalmente de ti, lo cual es mucho más interesante que fingir que te quieren. Verte correr como un ratón en un laberinto les proporciona una entretenida diversión en su, por lo demás, insoportablemente aburrida vida. La fase de idealización es una mera consecuencia de este aburrimiento, un paso necesario para prepararte de modo que puedan abusar de ti el mayor tiempo posible.

A veces, en la relación, puede que te sintieras agotado, porque te pareció que nunca disfrutaste de un tiempo a solas con tu pareja después de la luna de miel. Siempre estaba con sus amigos, saltando de un plan a otro. Los psicópatas también tienen tendencia a comportarse como niños inocentes, rodeándose de figuras maternales y paternales que siempre desean estar ahí para ellos, ofreciéndoles apoyo y satisfaciendo sus necesidades.

Todas estas personas están alrededor del psicópata para aliviar su aburrimiento. Al principio, el psicópata puede que se quejara de ellas contigo. Sin embargo, en cuanto estás atrapado en la relación, el psicópata dudará entre elegirte a ti y elegir a otros a fin de que todo el mundo esté pendiente de él. Da igual a quien elijan, porque siempre hay una certeza: no pasarán tiempo solos. Es mucho mejor herir tus sentimientos y ver cómo reaccionas que sentarse solo en una habitación durante una hora.

Finalmente, el aburrimiento más doloroso llega cuando, de repente, parece que han perdido todo interés por ti. Mientras luchas por recuperar su atención, descubres que las cualidades que en otro momento admiraron en ti se han convertido, aparentemente, en evidentes defectos. Nada de lo que haces parece funcionar para recuperar la atención que en el pasado te dedicaron, ese momento en que tú eras la *única* persona que podía acabar con todo ese aburrimiento.

Incluso después de que te empiecen a tratar de una forma horrible, es posible que una parte de ti desee recuperar su lugar como «Alivio del aburrimiento 1». Esto es completamente normal, porque una vez eres consciente de que la fase de idealización ha acabado para siempre, la siguiente mejor opción es asegurarte frenéticamente de que al menos sigues siendo una de sus muchas fuentes de diversión.

Sí, así es como se tuercen nuestros estándares.

Chismes encubiertos

Los psicópatas dicen que odian el «drama», pero poco a poco descubrirás que hay más drama en su vida que en la de cualquier otra persona que hayas conocido. Evidentemente, según ellos, nada de esto es culpa suya. La gente los quiere demasiado, los tratan mal y siempre parecen volverse locos a su alrededor. Es muy injusto para ellos.

Sin embargo, como estamos empezando a descubrir, éste no es en realidad el caso.

El psicópata está provocando dramas, rivalidades y competiciones constantemente. Lo que lo diferencia de los histéricos habituales es su capacidad para parecer inocente en todo eso. Hace sutiles insinuaciones y luego se sienta a observar cómo los demás acaban a la greña por ellos. Aquí es donde entra en juego la parte «encubierta».

Plantan pequeñas semillas de veneno, susurrándole a todo el mundo, idealizándolos en su cara, y, luego, los insultan a sus espaldas. El verbo «insultar» ni siquiera capta la sutileza de un chisme del psicópata. En vez de despedazar abiertamente a la gente, el psicópata se pinta a sí mismo como su víctima. Así pues, en lugar de ser un chismoso traicionero, se ve como una pobre víctima del mal comportamiento de los demás. En un momento dado, es posible que incluso te hayas sentido especial por ser la persona que eligieron para quejarse (una vez más, así es como se arruinan nuestros estándares).

Sin embargo, luego acabas siendo el perjudicado por todo esto.

De repente, *tú eres* el villano, el que les causa todo este dolor y tormento. Este proceso se inicia en serio una vez que la relación empieza a derrumbarse. Los psicópatas empiezan a acudir a las mismas personas de las que se habían quejado contigo, utilizándolas para lamentarse sobre lo loco que te has vuelto. Esto despierta mucha compasión, que es la forma perfecta para hacer la transición hacia su siguiente objetivo sin que nadie juzgue su flagrante infidelidad.

Es probable que durante la relación te sintieras disgustado y resentido con gente a la que nunca habías conocido. ¿Podría tener esto algo que ver con las constantes insinuaciones del psicópata de que todas estas personas estaban enamoradas de él, le deseaban, abusaban de él o sentían celos de ti? Con el tiempo, esto crea mucha negatividad y mucha envidia, más de la que experimentarías nunca en cualquier relación sana. Y lo triste es que esa misma negatividad también la experimentan con respecto a *ti* todos los demás.

EL TEST DEL MANIPULADOR

Si estás buscando una forma de distinguir a los manipuladores de la gente empática, presta atención a su manera de hablar sobre los demás en relación contigo. La gente buena y decente se tomará la molestia de asegurarse de que conozcas a sus amigos y a los miembros de su familia y de que les caigas bien. Los manipuladores, en cambio, siempre intentan la triangulación. Provocan rivalidades y celos estableciendo competiciones. Te susurran al oído que un amigo, un ex o un familiar está muy celoso de ti o que han dicho algo desagradable sobre ti. No te equivoques: están susurrándole lo mismo que a ti a esa misma gente. Así pues, pregúntate si esa persona crea armonía o provoca el caos.

Sin duda, los amigos y los ex puede que te sonrían a la cara, del mismo modo que tú les sonríes a ellos. Pero, en el fondo, todos los que están bajo el hechizo del psicópata albergan ese creciente resentimiento hacia los demás. Y no se debe a ningún motivo legítimo, sino porque os han puesto al uno en contra del otro. Sólo sois peones móviles en la partida que está jugando el psicópata en su búsqueda de atención y drama. Mantiene a cada uno de sus objetivos lo suficientemente separados para que no puedan comparar notas, pero lo bastante cerca como para que siempre estés al borde del principio y sin saber qué terreno pisas.

Por imposible que parezca, mientras aún sigues relacionándote con un psicópata, es probable que todas estas personas sean seres humanos muy agradables. Al igual que tú, sólo han sido envenenados y les han lavado el cerebro para pensar lo peor del resto de la gente. La mayoría de las parejas empáticas están encantadas de hacerse amigos de las amistades de su pareja y causan una buena impresión. Probablemente, esto fue así al principio de la relación, pero a medida que empeoraron la triangulación y los chismes, empezaste a experimentar emociones cada vez más negativas. Y puede que te culparas a ti mismo, creyendo que te estabas convirtiendo en un irreconocible revoltijo de celos y resentimiento.

Esto es lo que ocurre cuando entras en la realidad del psicópata: todos sus chismes y mentiras empiezan a distorsionar tu propia realidad. Puesto que existen dos realidades, debe escoger una:

1. El psicópata es normal. Todos los demás son celosos, malintencionados y egoístas.
2. El psicópata es celoso, malintencionado y egoísta. Todos los demás son normales.

Durante la idealización y el bombardeo de amor, nos decantamos por la primera opción. Todo nos parece absolutamente increíble, y así empezamos a definir una nueva realidad en torno a nuestra «alma gemela». Es maravilloso, todo el mundo es maravilloso. ¡La vida es genial! Pero entonces empieza el chismorreo encubierto, y ahí es cuando nuestra realidad comienza a cambiar. Para que podamos seguir viviendo en esa realidad de ensueño en la que el psicópata es bueno y honesto, todos sus chismes también deben ser ciertos. Todas esas otras personas deben ser celosas, malintencionadas y egoístas. Porque, de no ser así, entonces eso significa que el psicópata es un mentiroso, un chismoso y un manipulador.

Cuanto más fuerte es esta realidad, más difícil resulta alejarse de ella. Empiezas a pensar de verdad que todas esas personas están en tu contra, y así es como el psicópata quiere que te sientas. Porque, entonces, todo tu sentido de la felicidad depende de él. Y, lo que es más, mantener una falsa realidad exige que tú pongas muchas excusas y des muchas explicaciones que hacen que estés a la defensiva y en la negación. Ésta es una maniobra de distracción extremadamente eficaz (y desestabilizadora) contra la aterradora certeza de que quien te ha idealizado es en realidad tu enemigo.

Durante la ruptura y la recuperación, estamos lejos de la primera opción −que realmente sólo era una fantasía− y nos enfrentamos a la realidad. Estamos destrozados, nos sentimos vacíos y desesperanzados. Sin esa fantasía, lo hemos perdido *todo*. Hemos perdido a la pareja más importante, maravillosa y perfecta del mundo. Y, además de eso, el resto de la gente es indigna de confianza y tóxica. No tenemos nada ni a nadie.

Pero luego empezamos a reunir las piezas y a experimentar breves momentos de confianza con las personas que nos rodean. Aquí es donde una Constante puede cambiar realmente la vida de alguien. Vemos cómo nos sentimos estando junto a alguien que nos trata bien. Experimentamos la libertad de pasar tiempo con alguien que no está juzgando, triangulando o difundiendo mentiras. Finalmente, empezamos a colocar la negatividad en el lugar que en realidad le corresponde en vez de lanzarla contra el resto del mundo.

Y, por fin, todo vuelve a su sitio.

La segunda realidad cobra más fuerza. Ahora, la primera opción ni siquiera tiene sentido. Nunca se trató de tú y tu pareja contra el mundo, sino tan sólo de tu pareja contra ti. Empiezas a encontrar paz y a sentir compasión por gente que en otros momentos no te gustaba. La disonancia cognitiva disminuye a medida que pasas más tiempo en la realidad correcta, lejos de la red de mentiras del psicópata. Tu misericordia y tu empatía innatas vuelven a ti. La paranoia manufacturada se transforma en sincera confianza, y, finalmente, las distracciones se han esfumado para que puedas centrarte en el *auténtico* problema.

Torturar mediante la triangulación

Para acercarte más a él, el psicópata crea un aura de deseabilidad, de ser querido y cortejado por muchos. Para ti, el hecho de ser el objeto preferido de su atención se convertirá en un motivo de orgullo, habrás ganado, alejándolo de una multitud de admiradores. El psicópata fabrica la ilusión de la popularidad rodeándose de personas del sexo opuesto: amigos, examantes y tu eventual sustituto. Entonces, crean triángulos que engendran rivalidades y elevan su supuesto valor. (Adaptado de *El arte de la seducción*, de Robert Greene).

El psicópata elabora alegremente triángulos amorosos, rodeándose de otros objetivos para fabricar competencia y fingir que está muy solicitado en todo momento. Algunos objetivos los usará sólo para ponerte celoso, mientras que otros serán preparados para convertirse en tu sustituto. Tras haberte mandado en el pasado mensajes de texto cada minuto diciéndote que eres su «perfecta» alma gemela, empezará a distanciarse, colmando a otros objetivos con esas mismas atenciones. Esto hace que te esfuerces más para recuperarlo, sin darte cuenta de que simplemente está jugando contigo. Mientras tanto, la nueva víctima pica en seguida, creyendo que tú estás «loco», que eres «bipolar» y un «abusador». Sin embargo, a pesar de esta enfermiza campaña de desprestigio, el psicópata aún te seguirá adulando en la intimidad para darte un atisbo de esperanza, manteniéndote enganchado hasta el amargo final.

Un apunte antes de continuar: la gente se enamora y se desenamora. Encuentran nuevos amores, antes y después de que las relaciones lleguen a su fin. Se engañan mutuamente. Esta sección no trata sobre estos hechos cotidianos, por muy desgarradores e injustos que puedan ser. Lo que estoy describiendo es un conjunto muy específico de patrones y comportamientos utilizados por los psicópatas para torturar y controlar a sus objetivos.

Los psicópatas, al igual que la mayoría de los depredadores, buscan poder y control. Quieren dominar sexual, emocional y físicamente a sus parejas, y lo hacen explotando sus puntos débiles. Éste es el motivo de que te bombardeen de amor con atenciones y alabanzas al principio de la relación, porque da igual lo fuerte o seguro de ti mismo que te sientas: estar «enamorado» te hace vulnerable. Los psicópatas no necesitan la agresión física para controlarte (aunque a veces recurren a ella). En cambio, las relaciones les proporcionan la oportunidad perfecta para consumirte fabricando la ilusión del amor. Éste es el motivo de que resulte tan perjudicial que los testigos digan: «Bueno, ¿y por qué no lo dejaste?». Nunca iniciaste una relación con el psicópata esperando que abusaran de ti, te despreciaran y te criticaran. Te engañaron para que te enamoraras, que es el vínculo humano más fuerte del mundo. Y los psicópatas lo saben.

Así pues, ¿cómo consiguen los psicópatas mantener un control tan poderoso sobre sus objetivos? Uno de sus métodos favoritos es la triangulación. En general, cuando menciono esta palabra, los supervivientes lo equiparan a su siguiente objetivo, pero éste no siempre es el caso. Los psicópatas utilizan la triangulación de forma habitual para dar la sensación de que están muy solicitados y para que sigas obsesionado con ellos en todo momento. Esto puede suceder con cualquier persona:

Tu familia
Su familia
Tus amigos
Sus amigos
Exparejas
Futuras parejas
Completos desconocidos

La habilidad del psicópata para preparar a los demás no tiene parangón. Sienten una gran euforia cuando consiguen que las personas se enfrenten entre sí, sobre todo cuando se trata de una competición por ellos. El psicópata fabricará situaciones para ponerte celoso y cuestiones su fidelidad. En una relación normal, la gente se desvive por demostrar que son de fiar; sin embargo, el psicópata hace exactamente lo contrario. Está sugiriendo constantemente que podría perseguir otras opciones o pasar tiempo con otras personas para que nunca puedas disfrutar de una sensación de paz. Y siempre negará esto, diciéndote que estás loco porque lo comentas.

Lo que ocurre es que estás habituado a unos niveles de atención tan altos después de haberte lanzado el anzuelo que te tomas como algo muy personal y con confusión que ahora centre su atención en otra parte. Y él es consciente de esto. «Olvidará» planes que ha hecho contigo y pasará unos días con amigos de los que siempre se había quejado contigo. Te ignorará para dedicar más tiempo a su familia, aunque al principio te dijo que todos sus parientes eran horribles. Buscará la compasión de un ex si fallece un miembro de su familia, y te dirá que tienen una «amistad especial» que tú no entenderías. A menudo –por no decir siempre– ese ex es alguien a quien en otro momento definió como una persona inestable y abusadora.

Buscar la atención, la compasión y el consuelo de personas que no son tú es una táctica muy común del psicópata. Como persona empática y como su pareja, piensas, con razón, que debería buscar consuelo en ti. Si en el pasado siempre lo has consolado, ¿por qué debería ser distinto ahora? En algún momento afirmó que era un ser roto y que tú eras la razón de que volviera a ser feliz. Sin embargo, ahora recurre a amigos íntimos o a relaciones del pasado que tú no podrías «entender nunca». Y se asegurará de echártelo siempre en cara.

Esto me lleva al siguiente tema: las redes sociales.

La tecnología hace que para el psicópata resulte mucho más fácil manipular mediante la triangulación. Puede ser tan sencillo como señalar que le gusta un comentario de un ex e ignorar uno que hayas hecho tú. «Accidentalmente», colgará una foto en la que está abrazando al ex que en otro momento dijo que odiaba. Nada parece intencionado –a menudo lo atribuyes a la insensibilidad–, pero no te equivoques: todo está cuidadosamente calculado.

De forma estratégica, publicará estados ambiguos, canciones y videos que sugieren que podrías estar «perdiéndole». Compartirá cosas que, intencionadamente, están pensadas para atraer a viejos y nuevos objetivos: por ejemplo, una broma privada con su nueva víctima o la canción de amor que en su momento compartió con su ex. Esto provoca dos cosas: te desquicia, te pone celoso y te crea ansiedad. Pero también consigue que tu competidor se sienta seguro de sí mismo, amado y especial. Está preparando a otras personas mientras erosionan tu identidad, matando dos pájaros de un tiro.

Quiere que te enfrentes a él por estas cosas, porque aparentemente son tan nimias que darás la impresión de estar loco y estar celoso por sacarlas a colación. Con toda la tranquilidad del mundo, te dará una excusa para cada una de ellas y luego te culpará de montar un escándalo. El abuso encubierto es imposible de demostrar, porque siempre es estratégicamente ambiguo. No puedes probar que está atrayendo a su ex por una canción que colgó, pero tú lo sabes por pura intuición. Así es como consiguen que parezca que estás loco. Porque, seamos sinceros: quejarse de los estados y los comentarios de Facebook parece de alguien inmaduro. Y así es exactamente como quiere que te sientas.

Los ex que mantienen una «amistad» con el psicópata no entienden que para él son unos títeres. Es más: creen que están cumpliendo con una especie de maravilloso deber como amigos, alguien que siempre estará ahí para él. No comprenden que sólo los mantiene a su alrededor para animarle cuando se aburre. No se dan cuenta de que son el origen de muchas peleas, pero no porque su amistad con el psicópata sea especial y deseable, sino porque el psicópata crea intencionadamente esos dramas. Funcionan con la ilusión de que su amistad con el psicópata es genial, única y sin precedentes, cuando en realidad sólo están siendo utilizados para la triangulación.

Los psicópatas también son unos grandes expertos en rodearse de gente generosa, personas inseguras que refuerzan su autoestima cuidando de los demás. Es por eso por lo que tu generosidad parece tan insignificante y reemplazable durante la relación. El psicópata parecerá adorar a gente que no es como tú; a veces, incluso son todo lo contrario de lo que tú eres. El mensaje es sencillo: ya no eres especial. Eres sustituible. Si no le ofreces la adoración que merece, siempre encontrará otras fuentes que se la proporcionen. Y aun cuando le transmitas energía positiva, al final acabará aburriéndose contigo. No te necesita. Su actual círculo de fans siempre lo consentirá y admirará, haciéndote creer que es realmente una gran persona. Pero si echas un vistazo a su alrededor, te darás cuenta de que todos sus fans parecen estar rodeados de un invisible halo de tristeza.

La triangulación final se da cuando toma la decisión de abandonarte. Esto ocurre cuando empieza a hablar sin tapujos de lo mucho que le está perjudicando esta relación y de no saber si podrá seguir lidiando más tiempo con tu forma de comportarte. Normalmente mencionará haber hablado con un amigo íntimo sobre la relación, entrando en detalles sobre cómo ambos llegaron a la conclusión de que no era sana. Mientras tanto, habrá estado ignorando descaradamente tus frenéticos mensajes. Te quedarás esperando sentado, preguntándote por qué no habla contigo de estas preocupaciones teniendo en cuenta que se trata de *vuestra* relación.

Bueno, el motivo es que ya ha tomado la decisión de dejarte; ahora sólo te está torturando. Sólo busca el consejo de la gente que sabe que estará de acuerdo con él. Es probable que ese «amigo» al que se refiere sea su próximo objetivo.

Existen tres personajes principales en el triángulo amoroso del psicópata, y con cada uno de ellos, éste debe llevar una máscara específica y actuar de una forma concreta:

1) **Tú:** en lugar de sentirse avergonzado, como le ocurriría a la mayoría de la gente, cuando el psicópata te engaña se desvive para asegurarse de que estás al corriente de sus infidelidades, aunque sin admitirlo jamás, por supuesto.

2) **El nuevo objetivo:** de momento, al psicópata no le interesa torturar a su nuevo objetivo. Lo que hace es utilizar tu inminente autodestrucción para atraer a su siguiente víctima, la «favorita». A medida que empiezas a venirte abajo, es fácil sacar a colación tus desesperados mensajes de texto para despertar la compasión de su nuevo objetivo debido a lo loco que te has vuelto. El psicópata colocará a su nuevo objetivo en un pedestal, diciéndole lo increíblemente feliz que es ahora. El nuevo objetivo se sentirá exultante, porque será quien salvó al psicópata de su supuesta pareja abusadora (tú). La máscara que se pone el psicópata es la que le hace parecer inocente, victimizado (por ti) y con la necesidad de ser rescatado (de ti). Al mismo tiempo, se muestra extremadamente elogioso y agradecido con su nuevo objetivo, a quien considera responsable de haberle devuelto la felicidad.

3) **El club de fans:** el psicópata también necesita vigilar de cerca su reserva de amistades. Incluso la persona menos intuitiva del mundo sería capaz de darse cuenta de cuándo se está produciendo un flechazo. Así pues, en vez de engañar abiertamente, sustituyendo a una

víctima por otra, el psicópata deberá ser más cauteloso. Mantendrá conversaciones serias con sus amigos sobre lo mucho que le está perjudicando su relación actual y se dedicará a lanzar superficiales alabanzas como una forma de asegurarse la lealtad. Esto es un control de daños preliminar para estar seguro de que lo ven con buenos ojos incluso después del evidente engaño. Quiere asegurarse de que su club de fans está ahí para aplaudirle con más entusiasmo que nunca cuando presente a su nuevo objetivo, demostrándoles lo perfecta que es su nueva vida. Y tú te sientes confundido con cada apoyo que le ofrecen sus amistades. Te preguntas cómo es posible que alguien pueda apoyar a esa persona. Con su club de fans, el psicópata es locuaz y encantador, busca su compasión, y, al final, actúa aparentando ser muy feliz cuando les presenta a su nuevo objetivo, recibiendo todo el apoyo y las felicitaciones que anhela.

LOS SEGUIDORES

Da igual cuánto abusen de sus parejas: las personas tóxicas siempre tendrán fieles seguidores alentando todo lo que hacen. Estas personas se dejan cegar por las superficiales alabanzas que los manipuladores utilizan para controlarlas. Los clubs de fans cambian a menudo, ya que las amistades de los psicópatas no son en absoluto profundas ni significativas. Lo único que les importa es la constante atención y adoración. Cualquiera que no les proporcione este apoyo carente de sentido será sustituido rápidamente por alguien que sí se lo dé.

Piensa en los muchos cálculos y la planificación que debe requerir llevar a cabo todo esto. Los psicópatas son listos, fríos y plenamente conscientes de su conducta. ¡Interpretan a tres personajes distintos para hacerte dudar de tu cordura!

Tras la ruptura, cuando la mayoría de las personas normales se sentirían cohibidas y se comportarían con prudencia a la hora de entablar rápidamente otra relación, el psicópata se jactará abiertamente de lo feliz que es con su nueva pareja. Y, lo que resulta aún más sorprendente, esperará que tú te alegres por él. Si no lo haces, es porque eres un amargado y un celoso.

Durante este período, los psicópatas hacen una valoración postruptura. Si te humillas o suplicas, es probable que otorguen cierto valor a tus energías. Estarán disgustados y al mismo tiempo encantados por tu comportamiento. Si arremetes contra ellos y pones al descubierto sus mentiras, harán todo lo posible por destruirte. Aunque más adelante vuelvas a ellos con una disculpa, te despreciarán constantemente por atreverte a responderles. Has visto demasiado (al depredador detrás de la máscara).

Incluso después de que la relación haya terminado, emplearán la triangulación para tratar de volverte loco. Te restregarán a su nueva pareja por las narices, colgando fotos y exhibiendo su felicidad en las redes sociales. Quieren demostrar lo increíblemente felices y perfectos que son estando juntos, pero, además de eso, quieren que odies a su nuevo objetivo para que así le eches la culpa a él o a ella del fin de vuestra relación en lugar de echársela al verdadero abusador.

Así pues, ¿cómo puedes protegerte de este devastador abuso emocional? En primer lugar, debes aprender a respetarte a ti mismo. Luego hablaré de esto con más detalle. Pero, en resumidas cuentas, lo que necesitas saber es qué es aceptable y qué no lo es en una relación. Deberías saber que una pareja que engaña y que genera antagonismo no merece que le dediques tu tiempo. Nunca deberías llamarte loco a ti mismo para explicar su extremadamente peligroso comportamiento. Sin embargo, esto es algo difícil de hacer frente al abuso sutil, encubierto y enloquecedor.

Aquí es donde presento «La regla del detective». La idea es sencilla: si acabas haciendo de detective con alguien, deberías ahuyentarlo de tu vida inmediatamente. ¿Recuerdas tu Constante? ¿Ejerces de detective con ella? ¿Acaso vigilas su página de Facebook y cuestionas todo lo que dice y hace? No, por supuesto que no. Así pues, ya sabes que tu inclinación a hacer eso con tu pareja no va contigo; hay algo que te obliga a ser cauteloso y a sospechar.

Aun cuando esta sensación de desconfianza parezca inquietante e irracional, confía en tu instinto. Si estás constantemente preocupado o dudando de tus pensamientos, es hora de dejar de cuestionarte y pasar a la acción.

Como si se tratara de un milagro, cada vez que elimines a esa persona tóxica de tu vida comprobarás que la ansiedad remite. Sólo *tú* puedes saber de verdad si alguien te está haciendo daño. Sólo *tú* sabes qué es lo mejor para ti. Puedes decidir si te gusta o no cómo te sientes cuando estás con alguien. Nadie puede decirte que lo que sientes no es lo correcto. Recuerda la pregunta: ¿cómo te sientes hoy? La respuesta es lo único que importa.

La triangulación deja heridas emocionales de larga duración y te hace sentir como si fueras un monstruo celoso, dependiente e inseguro. Empiezas a curar esas heridas y comprende que tus inseguridades fueron fabricadas. No eras tú; fuiste manipulado. Tu verdadero yo es amable, cariñoso, de mentalidad abierta y compasivo. No tienes por qué volver a cuestionarte todas estas cosas nunca más.

EL DETECTIVE

A menudo, cuando tratamos con mentirosos y manipuladores, acabamos ejerciendo de «detectives». Es tu intuición, que te dice que algo funciona muy mal en el individuo al que estás investigando. Por algún motivo, sus actos nunca parecen coincidir con sus palabras. Siempre acaba poniendo excusas y culpando a otros, aunque sus historias nunca son coherentes. Acabas perdido en confusas conversaciones en las que, de algún modo, eres etiquetado como celoso, hipersensible y paranoico. Pero, al final, mirarás hacia atrás, recordarás todos los momentos en que te llamó loco y te darás cuenta de que te estaba mintiendo a la cara. Cada excusa encubría un engaño, una infidelidad o incluso una mentira completamente absurda (las que dijo por diversión). Los psicópatas son expertos en el abuso encubierto y te conducen a una búsqueda del tesoro que te hace dudar de tu carácter, en otros tiempos de trato fácil.

Silencio

El silencio es una de las herramientas más poderosas de la erosión de la identidad. Es un castigo encubierto destinado a manipular un cambio de comportamiento sin que parezca realmente una flagrante manipulación. Cuando a las personas empáticas se las castiga con el silencio, a menudo se autodestruyen y piensan en todo lo que podrían haber hecho mal. En consecuencia, empiezan a reprimir toda su personalidad para intentar no repetir cualquiera de esos supuestos errores.

El empleo del silencio es una forma brutal de abuso, porque te enfrenta a tu propia mente. Declaras la guerra a tu intuición y a todo lo que sabes que es verdad. Una vez que tu identidad ha sido lo suficientemente erosionada, el psicópata puede emplear esta técnica final sin ninguna posibilidad de que lo dejes. Lo que harás es torturarte a ti mismo, soportando el resto de sus abusos.

El psicópata te dejará solo con tus pensamientos, sembrando sutiles indicios y sugerencias en las redes sociales para alentar tu paranoia. Analizarás todo lo que has hecho a lo largo de la relación, culpándote de tus sentimientos y emociones. Te despertarás en plena noche con el corazón desbocado mientras esperas que te mande un mensaje de texto. Nada. Inicias sesión en Facebook y ves que está hablando con amigos y ex. No es que no esté disponible; lo que está haciendo es ignorarte.

Esperará que comprendas que no pueda hablarte durante días, a pesar de que al principio de la relación no paraba de enviarte mensajes de texto. Empezarás a pensar que estás en «período de prueba», a pesar de no tener ni idea de lo que has hecho mal. Puede que te vuelvas pasivo-agresivo, mandando largos mensajes por correo electrónico acerca de su cambio de conducta y la completa ausencia de contacto. Puede que incluso te sientas lo bastante fuerte como para sugerir que os toméis un descanso, aunque nunca lograrás aguantar más de unas pocas horas. Pensarás que puedes ignorar al psicópata, manteniendo la calma y la serenidad, como si no pasara nada, para no parecer dependiente. Sin embargo, él siempre ganará este juego, porque no necesita tu atención: ya ha encontrado a otra persona. Sí, cuando el psicópata empieza a ignorarte durante días, significa que ha dado con un nuevo objetivo. De lo contrario, seguirá concentrando todos tus esfuerzos en ti. Pero ahora sólo eres un obstáculo. Ha encontrado algo nuevo y excitante, y tus emociones sólo son un molesto bache en su última aventura romántica. Sin embargo, nunca te lo dirá. Simplemente continuará leyendo tus desesperados mensajes de texto, ignorándolos sin más. Te atacará verbalmente y te acusará de ser odioso, demente e inseguro. Se negará a discutir cualquier cosa por teléfono o personalmente, a menos que imponga sus condiciones. El abuso ya ha dejado de ser encubierto. El desprecio que siente por ti es inequívoco.

Sin embargo, a pesar de todo esto, no te dejará. Todavía no. Está esperando el momento adecuado.

EL GRAN FINAL

Los psicópatas eligen cuidadosamente la forma más indiferente y desgarradora que puedes imaginar para abandonarte. Quieren que te autodestruyas mientras inician el proceso de seducción con su última víctima. Te destruyen como una manera de asegurarse a sí mismos de que su nuevo objetivo es mejor que tú. Pero, más importante aún, te destruyen porque te odian. Desprecian tu empatía y tu amor, cualidades que ellos fingen tener todos los días. Destruirte es silenciar provisionalmente el molesto recordatorio del vacío que consume su alma.

Las consecuencias

Los psicópatas se aferran a personas exitosas y les roban lo que les ha costado mucho esfuerzo conseguir. Si tienes una carrera sólida, el psicópata se aprovechará de tus ingresos y evitará encontrar un trabajo. Si tienes un grupo de amigos, los incorporará a su club de fans y, al final, los volverá en tu contra. Acabará succionando tu vida entera y una vez haya conseguido todo lo que tienes que ofrecer, encontrará un nuevo anfitrión.

El psicópata planea tu descarte para ser hiriente y desconcertante, haciéndote creer que no vales nada. Y entonces ves desplegarse su nueva vida ante tus ojos mientras te preguntas qué es lo que acaba de ocurrir. En la excusa para romper que te da con actitud condescendiente, nada tiene sentido. Nada es congruente. Echando la vista atrás, descubrirás que esta persona no aportó nada valioso a la relación, sino tan sólo falsos cumplidos y alabanzas para que no intuyeras su estilo de vida totalmente parasitario. Los psicópatas sólo dejan tras de sí dolor, confusión y caos en su camino de destrucción.

El manual de ruptura del psicópata

El psicópata suele tener casi siempre un nuevo objetivo a la vista con el que sustituir a su pareja actual. Sin embargo, en lugar de terminar simplemente la relación que mantiene contigo y empezar otra, sigue los pasos del manual de ruptura del psicópata:

1. Da a entender que está interesado en otra persona.
2. Repite el paso 1 hasta que por fin reaccionas.
3. Insinúa tranquilamente que estás siento extremadamente sensible y celoso.
4. Te castiga con el silencio por ser sensible y celoso.
5. Repite el paso 4 hasta que empiezas a autodestruirte.
6. Utiliza tu autodestrucción para convencer a su nuevo objetivo de que estás loco; así, éste no piensa que el hecho de que te engañe «está mal».
7. Utiliza tu autodestrucción para convencer a sus amigos de que estás loco; así, conseguirá el apoyo total de su club de fans cuando te deje.
8. Empieza a subestimarte y a decirte que tu comportamiento inestable le está haciendo mucho daño.
9. Elige la forma más insensible de abandonarte que seas capaz de imaginar.
10. Exhibe ante tus ojos a su nuevo objetivo para que veas lo feliz que es sin ti.

Las rupturas normales nunca se producen de esta manera; sin embargo, los psicópatas quieren asegurarse de que ellos parezcan inocentes y tú un monstruo. A pesar de que son ellos quienes están engañando y mintiendo, estos pasos le dan la vuelta a la tortilla para poder interpretar el papel de víctima y asegurarse de que tú te quedes sin absolutamente nada.

La preparación

Aunque el proceso de descarte pueda parecer algo casual e impulsivo, no te equivoques: ha sido planeado durante semanas, o quizás meses. Durante este proceso, empezarás a sentir que lo que quiere realmente el psicópata es que *tú* lo abandones. Se alejará para preocuparte y lastimarte, y tú sabrás, en lo más profundo de tu corazón, que no tiene ningún interés en seguir adelante con la relación. Pero, evidentemente, esto es algo que nunca te dirá. Negará cualquier sugerencia que puedas hacerle acerca de sus intenciones. En realidad, lo que hará será cargarte con la culpa de todo, haciéndote pensar que es tu comportamiento autodestructivo lo que, de hecho, está echando a perder la relación y no sus tácticas de abuso flagrante.

DESTRUCCIÓN

Para el objetivo de un psicópata, la ruptura repentina parece surgida de la nada. Pero para el psicópata, ese momento ha sido cuidadosamente planeado durante mucho tiempo. Ha estado propagando mentiras y chismes sobre ti, convenciendo tranquilamente a los demás de que eres una persona inestable y de que estás arruinando la relación. Utiliza esta historia para preparar a su siguiente víctima y despistar a sus amigos con respecto a sus evidentes engaños. En cuestión de unos días, descubrirás que te ha sustituido y verás desplegarse su vida «perfecta» junto a otra persona. Mientras estabas intentando arreglar las cosas desesperadamente, él ya estaba iniciando una nueva relación. Y en lugar de romper contigo como un ser humano normal, te engañó hasta llegar al amargo final. Te tildó de «loco» y «celoso», erosionando alegremente toda tu identidad mientras salía con otra persona. El psicópata no se limita a romper con su objetivo, sino que aprovecha la oportunidad que le ofrece la ruptura de ser testigo de cómo te autodestruyes física, emocional y espiritualmente.

Mientras tú estás tratando frenéticamente de solucionar las cosas, él estará seduciendo a su próximo objetivo. Puede que ya estén acostándose. Y el psicópata se asegurará de que tú lo sospeches, dejando caer pistas e insinuaciones hasta que no puedas más y explotes. Entonces, utilizará tu comportamiento cada vez más volátil como estratagema para despertar la compasión de su siguiente víctima. ¿Qué mejor manera de convencerla de tu locura que enseñarle tus aparentemente absurdos e histéricos mensajes de texto?

Te pasarás todo este tiempo pensando que ha perdido el interés o que tus problemas de celos han apagado la chispa. Tras meses de recuperación, las cosas empezarán a encajar. Podrás echar la vista atrás y ser consciente de su comportamiento antes de romper, y podrás componer el rompecabezas. Te quedarás en estado de *shock*, incapaz de entender un plan tan astuto. Te indignarás al darte cuenta de que viviste engañado durante mucho tiempo. Te preguntarás por qué no te abandonó en el momento en que conoció a otra persona. Te darás cuenta de que te estaba ignorando descaradamente, pero no porque estuviera muy ocupado por su trabajo, sino porque estaba muy ocupado en la cama.

Y durante todo este tiempo, *te* hizo sentir como un monstruo.

La conversación

Cuando el psicópata rompa contigo, lo hará de forma tranquila y con indiferencia. Incluso podría hacerlo a través de un mensaje de texto para que pienses que no vales nada. Hablará básicamente de sí mismo y de sus «sentimientos», diciendo simplemente que no puede seguir así por más tiempo. Tú te quedarás paralizado y bloqueado durante toda la conversación. Sabías que iba a ocurrir, pero no puedes creer que haya pasado. Escucharás mucha palabrería sobre su ex y tu cambio de comportamiento, pero nada acerca del objetivo por el que te ha sustituido. Parecerá al mismo tiempo mísero (por tu culpa) y sorprendentemente alegre.

Elegirá el sitio más inconveniente para romper contigo. Si vives en el campo, no tendrá ningún problema en que te desplaces para ir a verlo, aunque te dejará tirado a mitad de trayecto. Interrumpiendo tus planes de viaje y sacándote de un entorno familiar, se asegura de que te quedes totalmente trastornado por la noticia, lo que no hará sino aumentar aún más la confusión y el complejo de inferioridad que ya sientes.

Después de la ruptura, sólo sentirás vacío. No puedo describir ese sentimiento como depresión, porque es peor que eso. En este momento, sentirás que tu espíritu ha muerto.

ABANDONO

El abandono repentino no es un comportamiento normal. Si alguien siente de verdad todo el amor y la pasión que proclama, no podrá desaparecer meses después sin decir una palabra. Ahora, la persona que en una ocasión te dijo que eras mejor que todos sus desquiciados ex está preparando a un nuevo objetivo etiquetándote a ti como un ex desquiciado. Todo lo que sale de la boca de un psicópata es basura manufacturada. Esto queda especialmente patente cuando renuncia a la personalidad que es un reflejo de la tuya –«somos iguales en todo»– por el inevitable abandono, cuando empieza a reflejar a otra persona completamente distinta. Una vez que empieces a entender cómo funciona este ciclo, te darás cuenta de que no has perdido a tu alma gemela ni mucho menos. Mientras el psicópata sigue este ciclo indefinidamente, tú empiezas una nueva aventura, libre de las interminables mentiras y manipulaciones de los desalmados.

Una vez más, la triangulación

El psicópata aún no ha terminado contigo. Justo después de la ruptura, empieza su momento favorito para la triangulación. Después de que cambie su estado en Facebook a «soltero», es posible que pienses que las cosas no pueden ir a peor. Aunque hay amigos que te preguntan cómo estás, no eres capaz de concentrarte en nada salvo en tu expareja. Mirando fotos suyas te sientes mal, pero, aun así, sigues haciéndolo. Te dejas llevar por viejos recuerdos, borrando impulsivamente todos los que puedes, aunque al cabo de un momento te arrepientes de haberlo hecho.

Y entonces lo ves.

Unos días después de la ruptura, el psicópata cuelga fotos suyas con otra persona. Alguien a quien nunca habías visto. No hace ningún esfuerzo por ocultar su nueva conquista. En realidad, da la impresión de que está presumiendo de su último objetivo. No se siente avergonzado ni culpable. Aunque sabes que no es una buena idea, la curiosidad te puede: empiezas a mirar a tu alrededor y descubres que esta nueva persona está interactuando con tu ex desde hace un tiempo. Aunque intercambiaban bromas y flirteaban sutilmente en las redes sociales, nunca te habías dado cuenta. Posiblemente estabas totalmente concentrado en tu ex.

Antes de que te des cuenta, ya ha cambiado su estado, diciendo que tiene una relación, y todos sus amigos dan entusiásticamente la enhorabuena a la feliz pareja. Mientras tú estabas siendo descartado como el ex desquiciado, el siguiente objetivo ya se estaba preparando para ocupar tu lugar. El club de fans del psicópata aclama a la pareja, aplaudiendo más fuerte que nunca: su héroe ha encontrado al (más reciente) amor de su vida.

Complejo de superioridad

Después de la ruptura y la triangulación, el psicópata tiene un inmenso complejo de superioridad. Ahora es cuando está en su «mejor momento», radiante de energía mientras ve como tú caes en desgracia. Exhibe su objetivo más reciente porque quiere que sepas que él o ella existe. Está esperando tu reacción, y si no reaccionas, se inventará un motivo para hablar contigo, asegurándose de que la última foto de su perfil está bien a la vista. A menudo, el psicópata utilizará excusas absurdas para llamar tu atención, como, por ejemplo, que quiere devolverte una prenda de ropa o un DVD, algo de lo que cualquier persona normal se olvidaría.

Una vez que haya captado tu atención, se comportará con calma y condescendencia, hablándote en un tono paternalista, como si fuera una especie de gurú de las relaciones porque él es feliz y tú estás soltero. Durante toda la conversación, adoptará una actitud arrogante, como diciendo: «Yo sé de lo que hablo». Tras la ruptura, está obsesionado por ser una persona tranquila y superior. El ganador.

Minimizará todo lo que ocurrió, aconsejándote que no montes ningún drama. En vez de disculparse por su conducta abusiva y unos engaños que ahora son evidentes, hablará largo y tendido para decir que las rupturas no son fáciles. Despersonaliza la experiencia y te habla como si le dieras lástima. Emplea este pseudocumplido para parecer una gran persona. Te deseará todo lo mejor, y lo dirá de manera informal, como si la ruptura fuera algo carente de importancia.

Si no le permites que siga con su rutina del complejo de superioridad posterior a la ruptura, se volverá muy desagradable. El psicópata no quiere hablar sobre su infidelidad o sobre sus mentiras. Quiere que lo idolatres en tus recuerdos. ¿Y te acuerdas de cuanto te castigó durante días con su silencio al final de la relación? Pues bien, ahora quiere que le des respuestas rápidas o, de lo contrario, te tildará de amargado y celoso.

Si en este punto te entran ganas de golpear una pared, piensa que no eres el único.

La trampa del abusador emocional

Los psicópatas, los narcisistas y los sociópatas son expertos en derrochar cumplidos y encanto. Aunque al principio parece algo increíble, esta idealización es en realidad la responsable de la mayor parte del daño cuando la relación empieza a venirse abajo. Ellos preparan una trampa, y es una trampa de la que ninguna incauta víctima puede tener esperanzas de escapar.

1. **Al idealizarte, el psicópata espera recuperar en seguida la atención y la adoración.** Su bombardeo de amor acaba creando un vínculo rápidamente con el que tú caes muy deprisa, devolviendo todo el «amor» que estás recibiendo. En tu cabeza, este individuo se convierte realmente en el alma gemela más apasionada y perfec-

ta que seas capaz de imaginar. Sientes y expresas ese amor todos los días.

2. **Compartes tu entusiasmo por esta relación con todos tus amigos y familiares**. A menudo asisten en primera fila a esta constante adulación. Redes sociales como Facebook garantizan que la mutua idealización sea visible ante el mundo. Resulta agradable que la gente haga subir vuestros respectivos egos, encendidos por todos estos agasajos públicos.

3. **Poco a poco, el abusador emocional empieza a dar marcha atrás.** Al principio es algo sutil. Aunque no pondrías la mano en el fuego, algo ha cambiado. Ya no manda mensajes de texto tan a menudo, parece menos interesado, empiezas a sentirte como una obligación y siempre llega tarde cuando habéis quedado para veros. No obstante, a causa de lo que se explica en los puntos 1 y 2, estás decidido a seguir adelante con la idealización. Ignoras el hecho de que su conducta empeore y en realidad lo idealizas todavía más, con la esperanza de recuperar el sueño. No quieres ser como su ex desquiciado; quieres ser indulgente y de trato fácil.

4. **Sigues diciéndoles a tus amigos, a tu familia y a ti mismo lo increíble que es tu pareja**. A pesar de que la relación va empeorando progresivamente, estás seguro de que el amor y la energía positiva lo arreglarán todo. Llegados a este punto, el psicópata puede hacer lo que le apetezca, pero tú seguirás hablando muy bien de él.

5. **El abuso del psicópata empeora muchísimo**. Empieza la triangulación. Te castiga con silencios y críticas. Te dice que estás loco y que eres hipersensible. Y al final, romperá contigo. En medio de todo esto, sigues con tus desesperados intentos por salvar la relación. Acabas llorando, suplicando y negando la realidad. Esta persona se ha convertido en toda tu vida. No tienes a nadie a quien pedir ayuda, porque todo el mundo cree que tu relación es perfecta.

6. **Después del abandono, empiezas a juntar las piezas del rompecabezas.** Descubres la psicopatía buscando en Google y empiezas a pensar: «¡Oh, Dios mío, esto es alucinante!». Cuanto más cosas

aprendes, más enfadado estás. Todo encaja, corroboras lo que te parece increíble y tu certeza ha cambiado para siempre.

7. **La trampa.** Nadie te cree. Después de todo tu entusiasmo acerca de la relación, no tiene sentido. ¿Cómo es posible que hayas sido víctima de un abuso? Eras feliz, estabas eufórico. Tu pareja era genial y te trataba muy bien. ¡Tú mismo lo dijiste! Si las cosas eran realmente tan malas, ¿por qué lo alababas constantemente? En lugar de una víctima, pareces estar loco y ser un amargado incapaz de aceptar el rechazo.

Ésta es la trampa del abusador emocional. Te adiestra para que le inundes de cumplidos y adoración, por lo que, efectivamente, te contradices a ti mismo en cuanto empieza el abuso. A menudo, los supervivientes ven como sus amigos se ponen de parte de su abusador. Resulta devastador, y esta trampa, para el psicópata, es la guinda del pastel.

A fin de evitar esto, no intentes defenderte ni explicarte ante nadie. Sí, necesitas compartir tu historia, pero necesitas hacerlo con gente que no sabe por lo que has pasado. Cíñete a los foros y revistas sobre recuperación. Si buscas una terapia, asegúrate de que el terapeuta entiende las artimañas de los manipuladores. El o la terapeuta debe estar familiarizado con los trastornos de personalidad del grupo B (que incluyen el trastorno límite de la personalidad, el trastorno de la personalidad narcisista, el trastorno de la personalidad histriónica y el trastorno de la personalidad antisocial); de no ser así, puede que sigas oyendo más acusaciones contra la víctima. No necesitas que alguien te diga que lo «superes» o que «las rupturas forman parte de la vida». Necesitas a alguien que te ayude a salir de este infierno y a recuperar la paz.

Tú no estás loco. No eres bipolar, ni un demente, ni hipersensible, celoso o dependiente. Eres un superviviente de un abuso emocional, y *puedes* escapar de esta trampa. Sólo debes conservar la calma y ser siempre paciente y amable contigo mismo. Algún día serás capaz de hablar de esta experiencia de una forma elocuente y creíble. No te preocupes por convencer a los demás. Si te pones a la defensiva cuando has sufrido un daño enorme, acabarás pareciendo culpable e inestable.

Así pues, despídete de estos juegos. No estás solo. Comparte tu historia con personas que la entiendan y, poco a poco, descubrirás que esta pesadilla acabará siendo sólo un extraño y lejano recuerdo. El psicópata no importa. Es el consiguiente camino hacia la recuperación lo que lo cambia todo.

¿Por qué es tan feliz con otra persona?

Ésta es probablemente una de las preguntas más frecuentes que se hacen los supervivientes durante las primeras etapas de la recuperación. Tras la ruptura, el psicópata avanza a gran velocidad con el objetivo que ya tenía localizado hasta que te sustituyó. Además de los engaños y las mentiras, te ves obligado a asistir en primera fila al comienzo de su «perfecta» vida con otra persona.

Si piensas que está tratando a tu nuevo objetivo mejor de lo que te trató a ti, no eres el único. Esto es lo que experimentan casi todos los supervivientes (incluido el nuevo objetivo cuando él o ella, con el tiempo, sean inevitablemente reemplazados). El psicópata ofrece una visión de su nueva relación que parece perfecta, como un cuento de hadas. Antes de que te des cuenta, ha adoptado los sueños, los gustos y las aversiones de otra persona. Ambos presumen de su relación ante el mundo entero, con ni siquiera un ápice de vergüenza o de culpa por el hecho de que te hayan dejado de lado en cuestión de días.

El abusador emocional parece correr felizmente hacia la puesta de sol con su siguiente objetivo, haciendo que te preguntes que quizás sea capaz de amar. Sin embargo, nunca hay un final feliz con un psicópata. Desfila alegremente ante su última víctima para despertar celos y provocar dramas, lo cual ya es una señal de que, por arte de magia, no han desarrollado una conciencia.

Mientras ves desplegarse su nueva relación, empezarás a ser consciente de cada pequeño detalle sobre la idealización, cosas que siempre habías deseado pero que jamás recibiste. Quizás el psicópata se vaya a vivir con su nueva pareja, a pesar de que nunca quiso vivir contigo. Puede que se casen en seguida, aunque durante meses nunca fue capaz de comprometerse contigo. Es probable que cuelgue en Facebook un sinfín de fotografías, mientras que tú eras más bien un aspecto privado de su vida. Básicamente, es como si hubieses sido un molesto problema pasajero en su camino hacia su verdadera fantasía.

Sin embargo, aquí está lo realmente difícil de entender: había alguien más que se sentía exactamente igual al principio de *vuestra* relación.

Cada idealización será diferente, y ésta es la razón de que parezca que el siguiente objetivo consigue algo que tú no conseguiste. Además, tú estás en el fondo del pozo mientras que el nuevo objetivo está en el séptimo cielo, lo cual hace que la situación parezca incluso más injusta.

El hecho de que la otra persona sea tratada de un modo «especial» no significa que tú tengas algo de malo. Y no es el resultado de tus reacciones durante el abuso o tu supuesta locura. Aun cuando te hubieras comportado perfectamente, el psicópata habría encontrado algún motivo para abandonarte y sustituirte. Esta idealización que está llevando a cabo con otra persona sirve a dos sencillos fines: (1) preparar al nuevo objetivo para que sea una fuente fiable de atención y afecto, y (2) para hacerte sentir celoso e inútil colmando a otro con más amor del que te dio a ti.

Ésta es la razón de que sea tan importante que no mantengas ningún contacto con tu ex. Si sigues asistiendo al desarrollo de su nueva relación, sólo conseguirás torturarte con preguntas imposibles y una baja autoestima; cada vez que lo hagas, acabarás deseando no haberlo hecho. Te preguntarás por qué esta nueva relación está durando más que la tuya; por qué el psicópata es capaz de aguantar a otra persona más tiempo que a ti. Debido a la triangulación que se dio durante el abuso, te estás comparando a todas horas con otros, sintiéndote inferior e incompetente porque ha elegido a otra persona.

No malgastes tu vida esperando que pase algo malo en su nueva relación, porque, al final, eso no cambiará nada. Tras la satisfacción inicial, aún seguirás experimentando esas mismas terribles emociones, porque tu autoestima aún está enteramente centrada en otra persona.

No hay nada malo en ti, y no hay nada inherentemente mejor en el nuevo objetivo. Sois dos personas completamente distintas que han sido objeto de bombardeos de amor y de cumplidos, pero eso no tenía nada que ver con vuestras cualidades o vuestra belleza interior. La idealización fue una herramienta para conseguir ejercer el control sobre ti, y eso no es un halago ni un reconocimiento, ni para ti ni para nadie. Podrías empezar a preguntarte quién es más atractivo, más exitoso o más inteligente, pero nada de eso tiene importancia. Cuando un psicópata posa su mirada en un nuevo objetivo, toda su energía se concentra en esa persona. Aunque fueras la persona más sexy, divertida e inteligente del mundo, él te olvidaría e ignoraría. No es que hayas perdido alguna de estas cualidades o que otra persona tenga mejores cualidades que tú. Lo que ocurre es que simplemente has dejado de interesarle como fuente de suministro de atención positiva. Estabas empezando a cuestionar sus mentiras, a no dejarte pisotear y a profundizar en la verdad. Y, a causa de esto, fuiste castigado.

Está bien preguntarse por qué no fuiste lo bastante bueno o qué cosas podrías haber hecho de otra manera. Es algo humano, teniendo en cuenta a lo que te estás enfrentando. Sin embargo, el objetivo de este libro es ayudarte a comprender que tú eres lo bastante bueno, que no hay nada que podrías haber hecho de otra manera. Cuando estamos hablando de relaciones psicopáticas, el comportamiento y las decisiones de la pareja abusadora no tienen nada que ver con tus mejores cualidades. En todo caso, te está entrenando para reprimir dichas cualidades.

Ahora que por fin eres libre, tienes la oportunidad de explorar estas cualidades por ti mismo y de empezar a cultivar una autoestima sana. Sin embargo, sólo podrás hacerlo cuando no te estés comparando constantemente con otra persona. La mayoría de los supervivientes se sienten físicamente enfermos cuando analizan la nueva relación de su ex; sienten latir el corazón en la garganta y son incapaces de respirar con normalidad. ¿Por qué castigarse así? Escucha a tu cuerpo, porque está intentando protegerte. Él sabe que no es una buena idea estar pendiente de eso.

Si puedes, establece un calendario y anímate a comprobar durante cuánto tiempo eres capaz de no controlar la nueva relación de tu ex. En PsychopathFree.com, cada miembro empieza un «calendario sin contacto» que deja constancia del tiempo que lleva sin establecer comunicación con su ex. Descubrirás que cuanto más tiempo pase, más fácil resulta. Y en poco tiempo incluso podrías empezar a sentir cierta compasión por el nuevo objetivo cuando llegues a comprender que, en realidad, esta nueva relación te salvó de sufrir más abusos.

No vivieron felices ni comieron perdices

La nueva relación del psicópata puede parecer perfecta. Tendrás que soportar el hecho de ser testigo de la idealización (él se asegurará de que así sea) y te preguntarás qué es lo que él o ella ofrecen que tú no fuiste capaz de ofrecer. Sin embargo, esa «pareja perfecta» no durará mucho. Poco después de la idealización, el psicópata se aburrirá. Siempre se aburre. Es una constante y molesta aflicción que lo consume. Para calmarla temporalmente, empezará a erosionar la identidad de su nueva víctima, jugando con él o con ella para conseguir un alivio rápido. Sin embargo, no bastará con esto. Necesita más. Necesita ver a su víctima implorando y suplicando. Necesita que su víctima se autodestruya. De este modo, se repite el ciclo del abuso una y otra vez. No hay necesidad de preguntarse si, de alguna manera, el psicópata ha encontrado la felicidad sin ti. Una persona que te ha tratado con tanta malicia y desprecio no es capaz de amar de repente a otro ser humano. Estas cualidades se excluyen mutuamente.

En la mayoría de los casos, los psicópatas están obsesionados con asegurarse de que rompen con sus víctimas. No obstante, hay ocasiones en las que un superviviente acaba rompiendo por su cuenta, dejando al psicópata y liberándose por sí mismo del abuso.

Cuando es el psicópata quien es descartado, debes prepararte para meses —o años— de acoso y hostigamiento. Hasta que encuentre otra víctima, dedicará toda su ira a arruinarte la vida mediante la intimidación y tácticas del miedo. Se inventará personajes virtuales para acosarte por Internet. Esto le proporciona una ilusión de control y el consuelo de que no puedes vivir sin él.

También puede intentar recuperarte. No te dejes engañar. Se trata de su último intento de manipulación para pagarte con la misma moneda a fin de que la ruptura se produzca según sus términos. Parece ridículo que alguien se tome la molestia de seducirte para luego dejarte, pero así es como funciona un psicópata.

A menudo, los supervivientes desean que su ex se ponga en contacto con ellos sólo para confirmar que no les han olvidado. Sin embargo, si tu ex se ha mudado a otro sitio, considérate afortunado. Si necesitas que te confirmen esto, habla con alguien que haya dejado a un psicópata. Escucha su historia y comprenderás rápidamente que el silencio de tu ex es un regalo maravilloso.

La ironía

Por extraño que parezca, el gran final es también el gran tributo del psicópata a tu fuerza. Revela su respeto accidental por ti. Parece imposible, porque has tocado fondo. Nunca te habías sentido tan inútil en toda tu vida. Y así es exactamente como quiere el psicópata que te sientas. Entonces, ¿cómo puede ser esto algo bueno?

Hay cuatro casos generales que propician un gran final, y con cada uno de ellos, el psicópata te dedica un indirecto cumplido:

1. Ha encontrado otra pareja

Si el psicópata considera que su nuevo objetivo es más valioso que tú, ¿qué significa exactamente eso? Significa que es más probable que esta nueva víctima le proporcione la adoración incondicional que pretende. También significa que no te estás empleando a fondo. Cuando el psicópata te abandona por otro objetivo, te está descartando porque como víctima le resultas menos útil. Te considera menos sumiso, menos controlable y menos vulnerable que su nuevo objetivo. Cuando te deja y te restriega por las narices a su nueva pareja, no está demostrando lo feliz que es, sino tratando de erosionar tu autoestima para que pueda convencerse de que eres peor que su nueva conquista.

La única ocasión en que la gente necesita demostrar a los demás que es feliz es cuando, en realidad, es infeliz. Cuando el psicópata te triangula y publica nuevas fotos para que todo el mundo las vea, no es feliz. De una forma miserable y patética, está intentando convencerse a sí mismo de una mentira fabricando tu perdición. Con su obsesión por tu caída, te está halagando.

2. Sacaste a la luz sus mentiras

¿Has oído alguna vez la frase «Dios, lo analizas todo demasiado»? Resulta extraño que tu supuesto excesivo análisis siempre fuera el resultado de sus engaños, mentiras y triangulaciones. Esta frase es la forma en que el psicópata te hace parecer loco por señalar la verdad. Cuando te castiga por señalar sus mentiras, te está dedicando una vez más otro cumplido. Cuando intenta acabar con tu cordura y tu intuición, te está diciendo que estas cualidades tuyas son demasiado fuertes. El psicópata identifica estos rasgos y trata de convencerte de que son debilidades, asegurándose de que no volverás a confiar en ellos. Si un psicópata te acusa de analizarlo excesivamente todo, sólo significa que eres un buen detective.

3. Eres demasiado feliz

Aunque al psicópata le encanta seducir a las personas durante la fase de idealización, luego les molesta la felicidad y el amor que genera su pareja. Qué raro, ¿verdad? No tiene absolutamente ningún sentido. Entonces, la solución del psicópata es vehicular esta sensación de resentimiento a través del abuso pasivo-agresivo. Te hace sentir desquiciado y ansioso, acabando con toda la confianza que fabricó. Al hacer esto, te está dedicando un cumplido. Significa que encarnabas todo lo que él odia: el amor, la felicidad y la alegría. Él desprecia estas cualidades porque son un recordatorio de todo lo que nunca es capaz de sentir. Son cualidades que le parecen estúpidas e inútiles. Tus risas y tus sonrisas son un extraño y molesto recordatorio de que puede que ser humano sea mejor que ser un desalmado. Para convencerse de lo contrario, el psicópata planea el gran final para burlarse de estos rasgos.

4. Está harto de tus emociones

Al psicópata le encanta la fase de idealización porque todo es perfecto. No hay problemas y no tiene que lidiar con las temidas emociones de nadie. Sin embargo, después de haber engañado a alguien para que se enamore de él, de repente se encuentra en una situación extraña. Su víctima lo ama y quiere desarrollar una mayor conexión emocional con él. Esto aburre e incomoda en seguida al psicópata. A menudo, en estos casos, la víctima aparecerá en el gran final como un loco, un bipolar o un histérico. Una vez más, ésta es una forma de decir: «Eh, tienes corazón». Sin embargo, el psicópata odia las cosas que no comprende, y por eso pretende destruirte. Cuando dedicabas mucho tiempo a tratar de reprimir tus emociones a fin de ser la pareja perfecta, sólo te estabas comportando como una persona normal. Las emociones son lo que te hace humano, y al psicópata le aburren mucho estas cualidades humanas.

Todo lo que el psicópata valore es lo contrario a lo que tú valorarías. Así pues, cuando te castiga, lo que está haciendo es un homenaje a las cosas que probablemente te interesan más. Es retorcido y manipulador, porque consigue que pongas en duda tus mejores cualidades; sin embargo, retrospectivamente, puede que empieces a comprender que este abuso era una forma sutil de reconocer tus propias fuerzas.

Evidentemente, es probable que ahora mismo no quieras oír hablar de eso. Tras el gran final, no hay esperanza. No hay ánimos. No hay futuro. Te sientes profundamente herido por el dolor que te ha infligido esa persona, y te llevará años comprender el alcance del abuso. Así pues, pasa la página y recorreremos juntos ese camino.

EL CAMINO HACIA LA RECUPERACIÓN

La curación del abuso de un psicópata es un largo viaje. No es lineal ni lógico. Existe la posibilidad de que osciles entre una etapa y otra e incluso de que inventes algunas durante el recorrido. No es lo mismo que las fases del duelo, porque en realidad no has perdido nada; por el contrario, lo has ganado todo. Lo que ocurre es que aún no lo sabes.

¿POR QUÉ REQUIERE TANTO TIEMPO?

Las rupturas con los abusadores son muy distintas de las rupturas con seres humanos sanos. La recuperación de una relación con un psicópata requiere un tiempo inusualmente largo. A menudo, los supervivientes se sienten frustrados porque no se han curado con la rapidez que les hubiera gustado. Ellos también acaban lidiando con amigos y profesionales que les dan bienintencionados consejos como «ya es hora de seguir adelante».

Tanto si has vivido un largo matrimonio como una fugaz aventura de verano, el proceso de recuperación será el mismo cuando se trata de un encuentro con un psicópata. Se tarda entre doce y veinticuatro meses en sanar las heridas de tu corazón, e incluso entonces, puede que vivas días difíciles.

Por favor, no te pongas una fecha límite. Con el tiempo, empezarás a disfrutar de momentos de felicidad, alegría y esperanza. Estos momentos irán cobrando fuerza y serán más frecuentes «sin mantener contacto»; el abusador, poco a poco, se irá sumiendo en una extraña oscuridad. Retrospectivamente, es probable que esa persona ni siquiera parezca «real». No serás capaz de creer que en algún momento hayas sido víctima de un pánico tan delirante, atrapado por alguien que reflejaba tu personalidad y que luego te triangulaba con otras personas. Tu corazón y tu mente tienen cosas mejores en las que centrarse, esto es, tu autoestima y tu felicidad.

No importa el tiempo que tarde; no te preocupes por haber sido herido constantemente por esa persona. El espíritu empático nunca muere. Siempre está contigo, y reaparecerá en una nueva y hermosa forma cuando esté listo. Aunque habrá altibajos, estás en un camino hacia la libertad que durará toda la vida.

Lo importante es que no sigas culpándote a ti mismo. Deja de desear que todo vaya más rápido. Deja de pensar que, de algún modo, el psicópata «gana» mientras sigas sufriendo. Ahora, él no forma parte de la fotografía. Este viaje gira en torno a ti. Si consigues aceptar el tiempo que queda por delante, esta experiencia te resultará mucho más agradable. Puedes adaptarte a la nueva situación, hacer amigos y sentirte cómodo con el proceso de recuperación.

Pero ¿por qué es tan largo?

Estabas enamorado

Sí, era un amor manufacturado. Sí, reflejaron tu personalidad y manipularon tus sueños. Pero estabas enamorado. El amor es la emoción humana y el vínculo más fuerte del mundo, y lo sentiste con todo tu corazón. Siempre resulta doloroso perder a alguien a quien amabas, alguien con quien habías planeado pasar el resto de tu vida.

El espíritu humano debe curarse de estas pérdidas de amor. A pesar de las intenciones de tu abusador, tu amor aún era muy real. Te llevará mucho tiempo y esperanza dejar atrás la típica depresión postruptura.

Estabas desesperadamente enamorado

Aquí es donde nos alejamos de las rupturas normales. El psicópata fabrica desesperación y deseo. Probablemente te esforzaste más en esta relación que en cualquier otra, ¿verdad? Le dedicaste más tiempo, energías y reflexiones que nunca. Y, a cambio, fuiste recompensado con la experiencia más desagradable y dolorosa de toda tu vida.

Durante la fase de idealización, te colmó de atenciones, regalos, cartas y cumplidos. En realidad, el psicópata pretendía ser exactamente igual que tú en todos los sentidos. Para él, todo lo que hacías era perfecto. Esto te hacía sentir eufórico, sin saber que te estaba preparando para erosionar tu identidad.

Empezaste a reunir toda clase de pistas de que podías ser sustituido en cualquier momento. Esto alentó un frenesí de ideas, lo que aseguraba que esa persona estuviera en tu mente cada segundo del día. Es este estilo de vida desquiciado e impredecible lo que el psicópata espera crear con las mentiras, la manipulación y la triangulación.

Al pensar constantemente en él, vives un amor desesperado. Esto es insalubre, y no una señal de que la persona que te despierta emociones tan fuertes sea realmente digna de tu amor. Tu mente se convence de que si sientes con tanta intensidad, él debe ser la única persona que es capaz de hacerte sentir así. Y cuando la pierdes, tu mundo se viene abajo por completo. Te sumes en un estado de pánico y devastación.

La reacción química

El psicópata tiene intensos vínculos emocionales y sexuales con sus víctimas. Esto se debe a su magnetismo sexual y a la forma en que prepara a sus víctimas para que dependan de su aprobación.

Después de que te haya adorado en todos los sentidos, bajas la guardia y empiezas a depositar tu autoestima en él. Tu felicidad empezó a depender de la opinión que tenía de ti. La felicidad es una reacción química que tiene lugar en tu cerebro: la dopamina y los receptores se disparan para hacerte sentir bien.

Al igual que una droga, al principio el psicópata te ofrece este sentimiento con toda su intensidad. Sin embargo, una vez dependes de ello, empieza a dar marcha atrás. Paulatinamente, necesitas cada vez más para sentirte así. Haces todo lo posible por aferrarte a ello, mientras el psicópata hace todo lo posible para que necesites cada vez más su amor y su aprobación.

Inferioridad y comparación

Hay miles de grupos de apoyo para los supervivientes de la infidelidad. La infidelidad provoca inseguridades que duran mucho tiempo y la sensación de no ser nunca lo bastante bueno. Hace que estés comparándote constantemente con otros. Sólo este dolor hace que mucha gente tarde años en recuperarse.

Ahora, compara esto con la triangulación del psicópata. No sólo te engaña, sino que te lo restriega alegremente por la cara. Presume de ello, intentando demostrar lo feliz que es con tu sustituto. No demuestra sentir la vergüenza o la culpa habituales que implican el engaño. Está encantado de publicar fotos y de decirles a sus amigos lo feliz que es.

Ni siquiera soy capaz de empezar a explicar lo emocionalmente dañino que resulta esto para alguien que en un momento dado fue el objetivo de la idealización de un psicópata. Sólo la cura de la triangulación ya exigirá mucho tiempo.

Has conocido el mal en estado puro

Todo lo que en algún momento creías saber sobre la gente no era aplicable a esta persona. Durante la relación, intentaste ser compasivo, de trato fácil e indulgente. Nunca podrías haber sabido que la persona a la que amabas estaba utilizando activamente estas cosas en tu contra. Simplemente no tiene ningún sentido. Así pues, te dedicaste a proyectar en él una conciencia humana normal, intentando justificar su injustificable comportamiento.

Sin embargo, en cuanto descubres la psicopatía, la sociopatía o el narcisismo, todo cambia. Empiezas a sentirte indignado y horrorizado por haber dejado que tu vida se sumiera en esa oscuridad. Todo hace clic y encaja en su sitio. Por fin, toda esa conducta «accidental» o «insensible» tiene sentido.

Intentas explicar todo esto a tus amigos y familiares, pero nadie parece entenderlo. Por eso es tan importante la confirmación. Cuando contactas con otras personas que han vivido lo mismo que tú, te das cuenta de que no estás loco. No estás solo en esta inhumana experiencia.

Se necesita mucho tiempo para aceptar este trastorno de la personalidad. Acabas viéndote obligado a dejar de lado tu idea de la naturaleza humana, reconstruyéndola desde cero. Te das cuenta de que la gente no siempre es inherentemente buena. Empiezas a sentirte paranoico, receloso y ansioso. El proceso de curación se basa en aprender a establecer el equilibrio entre este nuevo estado de conciencia y tu, en otros tiempos, espíritu confiado.

Tu espíritu está profundamente herido

Tras el inevitable abandono, la mayoría de los supervivientes acaban sintiendo una especie de vacío que ni siquiera puede describirse como una depresión. Es como si tu espíritu se hubiera esfumado por completo. Te sientes insensible a todo y a todos los que te rodean. Ahora, las cosas que en otros tiempos te hacían feliz te dejan frío. Te preocupa que el encuentro con ese monstruo haya destruido tu capacidad para empatizar, sentir y cuidar de los demás.

Creo que esto es lo que exige más tiempo de recuperación. Aunque al principio estás desesperado, tu espíritu siempre te acompaña. Aunque sin duda alguna está herido, nunca te ha abandonado. A medida que empiezas a descubrir la autoestima y los límites, vas recuperando poco a poco tu voz. Te sientes seguro cuando te abres, asomando de vez en cuando la cabeza para saludar. Darás las gracias por volver a llorar, y te sentirás feliz al ver que vuelves a experimentar emociones. Esto es genial, y cada vez será algo más y más consistente.

Finalmente, dejarás atrás esta experiencia con una inesperada sabiduría con respecto a la gente que te rodea. Tu espíritu volverá, más fuerte que nunca, negándose a ser tratado de ese modo otra vez. Puede que conozcas a personas tóxicas a lo largo de tu vida, pero no dejarás que permanezcan a tu lado durante mucho tiempo. No tienes tiempo para engaños y manipulaciones. Lo que quieres son personas amables, honestas y compasivas. Sabes que no mereces otra cosa.

Esta fuerza recién descubierta es el mayor regalo de vivir una experiencia con un psicópata. Y vale cada segundo del proceso de recuperación, porque te servirá durante el resto de tu vida.

LAS ETAPAS DEL DOLOR

PRIMERA PARTE

Las primeras etapas de la recuperación son como un torbellino: caóticas, volátiles e incontrolables. Durante estas etapas, es probable que ni siquiera sepas que te topaste con un psicópata. Te culpas a ti mismo y piensas que nunca volverás a ser feliz. Actúas de un modo que ni siquiera habías imaginado. Aún no entiendes que el abuso destruyó tu confianza y tu identidad, porque ni siquiera eres capaz de llamarlo abuso. Lo único que sabes es que estás sufriendo más de lo que has sufrido en toda tu vida. Pero, por muy violento que sea ese torbellino, no debes perder la esperanza. No estás solo en esta oscuridad, y todo va a salir bien.

Devastación

Síntomas: vacío, *shock*, abuso de sustancias, pensamientos suicidas, incapacidad para concentrarse, depresión, deterioro físico.

Ésta es la etapa inmediatamente posterior a la ruptura, en la que experimentas una devoradora devastación. Tu corazón y tu mente se entumecen, y eres incapaz de llevar a cabo tareas sencillas. Has sido privado de la adicción química que tenía lugar en tu cerebro, por lo que debes moverte a través de una persistente neblina a medida que se va desarrollando el período de abstinencia. Tu cuerpo se deteriorará; cuando te mires al espejo, te verás frágil y afligido. Las imagen del superviviente de antes y despúes del abuso del psicópata son impactantes.

Tus impulsos sexuales bascularán entre el deseo por tu ex y la desgracia de pensar en lo que ya no tienes. Psicológicamente, te sientes muy herido y vulnerable a causa de la erosión de la identidad. Aún no comprendes el alcance del abuso emocional que has padecido. Así pues, en vez de curarte de sus tácticas, aún sigues siendo víctima de ellas. Crees realmente que te mereces esto, que no eres nada sin él. Que estás loco y eres celoso, dependiente, inseguro y que todo es culpa tuya.

Piensas que no vales nada.

Emocionalmente, perderás cualquier conexión que llegaras a tener alguna vez con el mundo que te rodea. Tu capacidad para la empatía y la percepción quedará temporalmente anulada. Cuando mires hacia atrás, no podrás recordar la mayoría de los detalles de esta fase. Como si se tratara casi de una experiencia extracorporal, tu mente habrá bloqueado muchos de los recuerdos insoportablemente dolorosos y vergonzosos. Una parte de ti se paraliza para proteger tu espíritu. Las etapas del dolor tratan sobre darle vida otra vez.

Cuidar de ti mismo

Durante todo el proceso de curación, pero sobre todo en este momento, debes acordarte de tratar bien a tu cuerpo. Es lo menos que puedes hacer, teniendo en cuenta que tu mente estará fuera de servicio durante bastante tiempo. Más adelante haré algunas otras sugerencias, pero he aquí algunas ideas básicas para empezar:

1. Practica la meditación siempre que puedas. An Old-Fashioned Girl, una maravillosa amiga y compañera de patinaje sobre hielo, ha compartido muchas técnicas en nuestro sitio web que puedes probar a lo largo del día. Propuso un ejemplo en el que simplemente respiras con profundidad diez veces seguidas, ¡algo que puedes hacer en cualquier momento y en cualquier lugar!

2. Toma algún complejo multivitamínico con vitamina B todos los días. Esto te garantizará que ingieras todos los nutrientes que necesitas. Las vitaminas B6 y B12 también pueden ayudar a combatir la depresión.

3. El aceite de pescado es un excelente complemento para fortalecer tu piel y tu pelo; también tiene eficaces cualidades antidepresivas.

4. ¡Haz ejercicio! Sal a caminar todos los días. Ve media hora al gimnasio. No te preocupes si el entrenamiento es menos intenso que antes. Actualmente, mis amigos siguen negándose a ir al gimnasio conmigo porque en general sólo suelo moverme alrededor de los balones de ejercicio y me río.

5. Haz tres comidas al día, incluso cuando no tengas hambre. Aunque es probable que no tengas apetito durante algunas semanas, no puedes permitir que tu cuerpo pase hambre. Mantenlo bien alimentado con una dieta sana.

6. Levántate todas las mañanas a una hora razonable. No quieres engancharte a la costumbre de levantarte por la tarde demasiado deprimido para enfrentarte al día. En caso necesario, pon el despertador.

7. Duerme entre siete y nueve horas. Descansar lo necesario es básico para tu salud mental; no podrás superar esto si estás agotado todos los días.

8. Sal a la calle y toma un poco el sol. Usa protector solar, por supuesto, pero disfruta de la luz natural al aire libre y absorbe un poco de la vitamina D que proporciona el sol. Te sentirás mejor.

9. Ocúpate de la higiene básica todos los días. No dejes de cepillarte los dientes o de darte una ducha. Cuanto más sigas una rutina, más fácil resultará desarrollar buenos hábitos.

10. Aléjate del espejo. Tienes buen aspecto, en serio. El psicópata te condicionó para que te sintieras cohibido con respecto a tu apariencia física, pero nadie te está juzgando como él lo hacía.

Reflexión

Durante el período de devastación, te parecerá muy difícil reflexionar sobre cualquier cosa. Sin embargo, debo pedirte que mires en tu interior, aunque sólo sea un momento.

Este párrafo es el más importante de todo el libro. Por favor, presta atención: muchos supervivientes se enfrentan a pensamientos suicidas, incapaces de imaginarse la vida más allá de esta experiencia. Para hacer frente a esto, algunos empiezan a beber en solitario o a abusar de las pastillas que les han recetado. Si te estás automedicando o considerando la posibilidad del suicidio, por favor, deja de leer este libro y busca ayuda profesional ahora mismo. No hay ningún libro de autoayuda ni ningún sitio web que pueda ofrecerte la ayuda que necesitas en este momento.

Aunque no pienses en suicidarte, contar con ayuda profesional durante esta experiencia puede resultar enormemente beneficioso. Hay muchos psicólogos, psiquiatras y terapeutas increíbles que cambian vidas todos los días. La mayoría de ellos se dedican a esto porque tienen un deseo innato de ayudar a los demás. Normalmente, suelen detallar sus especialidades en sus páginas web. Intenta encontrar a alguien especializado en el campo de las relaciones abusivas; desde el primer momento, comprenderá que no es un proceso que pueda abordarse con prisas.

Aunque todo el mundo tendrá una relación distinta con el terapeuta, ese profesional debe ser alguien compasivo, amable y de mente abierta. Nunca debes sentirte juzgado o incómodo sincerándote. Si has encontrado algún libro o algún artículo en Internet que reflejaba bien tu experiencia, no tengas ningún problema en sacarlos a debate.

Después de unos meses con mi terapeuta, pasé de pensar en el suicidio y de ser incapaz de levantarme de la cama por la mañana a estar operativo y a comer de nuevo. Aún me quedaba un larguísimo camino por recorrer, pero esa mujer fue la que me ayudó a recuperarme cuando había perdido toda esperanza. A veces sólo nos hace falta un poco de impulso adicional para salir de esa oscuridad devoradora. No hay nada de vergonzoso en extender una mano para pedir esa ayuda. Quizás te sorprendería ver que hay muchos desconocidos dispuestos a ayudarte a levantar de nuevo.

Negación

....

Síntomas: volatilidad, pseudofelicidad, episodios maníacos, abuso de sustancias, impulsividad, búsqueda de atención, acoso cibernético.

Es posible que esta etapa se inicie con toda su fuerza cuando el psicópata empieza a restregarte su felicidad por la cara. Lo ves con otra persona, diciéndole a todo el mundo lo perfecta que es ahora su vida. Normalmente, esta triangulación suele hacerse a través de las redes sociales. En este punto, ni siquiera estás enfadado con el nuevo objetivo, porque es probable que no tengas ni idea de cuánto tiempo hace que duraba la infidelidad. Sólo necesitas demostrar que estás bien y que te sientes genial, como el psicópata, porque puede que entonces quiera volver a estar contigo.

Debes ser consciente de que, en este punto, tu curación gira aún en gran medida en torno al hecho de que el psicópata vuelva a desearte.

A fin de convencerte de que todo va bien, cambias de trabajo, gastas dinero y redefines toda tu vida. Atacas a todo el mundo y a todo salvo al psicópata. Sales a tomar una copa, te vas de fiesta y tienes citas de forma imprudente; todo esto forma parte de un monumental esfuerzo para mandar el mensaje de que estás bien. Te volverás muy impulsivo, dilapidando tus ahorros y albergando la engañosa idea de volver con quien te idealizó. Puede que intentes reproducir las mismas dinámicas que tenías con el psicópata con otra persona, sólo para descubrir con frustración que tu vida sexual no es tan buena como con él o que no te colman de atenciones.

Te pasas mucho tiempo en Internet, mirando su perfil de Facebook y descubriendo cosas sobre su nueva vida. Una parte de ti no está lista o dispuesta a creer que la relación ha terminado. Crees que quizás si ve una foto o lee un comentario tuyo puede que se dé cuenta del error que ha cometido. Pero, para tu consternación, no parece estar prestándote ninguna atención. Incluso podrías inventar fantasías en las que él, en secreto, quiere volver contigo. Así pues, sigues adelante, ajeno al hecho de que tu sentido de identidad ha sido completamente devorado por otra persona. Ésta es la fase en la que es más probable que hagas cosas de las que te arrepentirás una vez haya terminado la recuperación.

Alcohol

Por favor, deja de beber. Durante los primeros meses de recuperación, ésta podría parecer la forma más fácil de enfrentarte a tu dolor. De algún modo, beberte una botella de vino entera todas las noches se convierte en algo «normal», y tú lo justificas con excusas o como un exceso puntual. Pero no es ninguna broma. Le estás haciendo mucho daño a tu mente y a tu cuerpo. Si de verdad quieres curarte, necesitas estar totalmente en contacto con tu yo, sobrio y sin alteración alguna. No encontrarás la paz en broncas auspiciadas por el alcohol, noches de borrachera y fiestas sin sentido. Estas distracciones sólo sirven para retrasar tu proceso de curación. A la mañana siguiente, cuando te despiertes, aún seguirás teniendo por delante el mismo trabajo que debes hacer, y resultará mucho más difícil con una resaca o con los bochornosos recuerdos de la noche anterior.

No tiene nada de malo tomarse una copa de vez en cuando, pero ese momento es una excepción. Pasa unos meses sin tomar nada de alcohol. Si es necesario, marca cada día en un calendario; te sorprenderá hasta qué punto se acelera tu proceso de curación. Tu mente es la herramienta más valiosa en el proceso de recuperación; así pues, cuídala como si fuera un tesoro y no te maltrates.

Los momentos «Si…»

Gran parte de la fase de negación consiste en creer que el psicópata aún debe seguir interesado en ti por lo increíble que era todo cuando estabais enamorados. Parece imposible que ya estuviera enamorado de otra persona (y lo sería en una relación normal). Crees que lo que tenías con él era algo único y especial, algo que te recordó con frecuencia durante la relación.

Así pues, en vez de admitir que todo ha terminado, dedicas mucho tiempo a preguntarte qué podrías haber hecho de otra manera para salvar tu relación perfecta. Recuerdas cada momento que condujo a la «ruptura» y desearías que todo hubiera sido diferente. Piensas en formas creativas de arreglar las cosas que supuestamente rompiste.

He aquí algunos ejemplos:

* «Si no le hubiese insistido sobre su ex, aún estaríamos juntos».
* «Si ese fin de semana no me hubiese ido, no me habría engañado».
* «Si le hubiese hecho un buen regalo, habría comprendido lo mucho que me importaba».
* «Si no le hubiera dicho que dejara de criticarme, no hubiera pensado que era demasiado sensible».
* «Si hubiera fingido que no pasaba nada cuando me castigaba con su silencio, no hubiera pensado que era demasiado dependiente».
* «Si ese día hubiese llevado otra ropa, le habría parecido más atractivo».

110

¡Por favor! ¿Cómo podría justificar alguna de estas cosas el silencio, el engaño, el abuso o romper con alguien? ¿Y por qué cambiar alguna de estas nimiedades tendría que tener algún impacto en el éxito o el fracaso de una relación? El amor debería ser como un árbol de raíces profundas, basado en situaciones mutables, sobre todo cuando la mitad de tus «errores» fueron reacciones perfectamente razonables a un comportamiento inaceptable.

Si toda la relación dependía de que algunos momentos «Si» hubiesen sido diferentes, entonces es que se trataba de una relación terrible. Esto significa que estabas andando con pies de plomo, al borde de una ruptura cada vez que algo no salía según lo planeado. Esto no se llama compañerismo ni apoyo. Es como caminar por una cuerda floja con alguien que te está juzgando a todas horas con los brazos cruzados, en vez de tenderte una mano para ayudarte a llegar a salvo al otro lado. Y si te caes, que así sea. «Si» no lo hubieras hecho…

Pero me estoy avanzando a los acontecimientos. Se supone que estamos en las etapas del dolor; no se trata de Jackson discutiendo con su yo de veintiún años.

Sólo debes comprender que estos pensamientos son completamente normales y que empezarán a remitir a medida que profundices en la psicopatía en las etapas posteriores del dolor. Si es posible, no recurras a los momentos «Si». Podrías vivir un momento de optimismo en el que de repente te olvides de todos los abusos y pienses que un gesto amable o una disculpa podría arreglarlo todo. Pero no es así. Si esta persona se hubiera preocupado realmente por ti, no estarías repasando mentalmente todos tus errores, preguntándote uno por uno si fueron la razón de que te sustituyeran. Esto es lo que el silencio y el abuso provocan en un ser humano bueno y compasivo. Esto es lo que ocurre cuando una persona se niega a asumir la responsabilidad de sus actos, mientras que la otra está dispuesta a cargar con toda la culpa si eso significa mantener la paz.

Tomar decisiones importantes

Uno de los aspectos más aleccionadores sobre el trabajo en la recuperación de un abuso es que no puedo decirle a nadie cómo curarse. ¿Recuerdas cuando eras niño y tus padres de daban un montón de consejos sobre cómo no repetir sus errores? Evidentemente, los ignoraste, porque nadie puede decirte cómo ser feliz; tienes que actuar y cometer esos mismos errores.

Con las etapas del dolor ocurre exactamente lo mismo, pero aun así quiero compartir algunos consejos en el caso improbable de que puedan ayudarte.

Durante la fase de negación, debes evitar tomar decisiones importantes que cambien tu vida. Invertirás tu felicidad en muchas cosas distintas, incapaz de darte cuenta de que la felicidad viene de dentro. Harás trizas tu vida con entusiasmo, convencido de que cada idea que se te ocurre es la siguiente mejor solución.

Pero no hay solución.

No hay nada malo en tu trabajo. No hay nada malo en tu sueldo. No hay nada malo en tu hogar, en tu teléfono, en tu foto de perfil o en tu soltería. Ninguna de esas cosas es el problema. (Te han preparado durante mucho tiempo para ignorar el verdadero problema).

Así pues, en esta etapa te recomiendo encarecidamente que evites tomar decisiones importantes, sobre todo las que estén relacionadas con el dinero y los amigos. De momento, no debes fiarte de tu instinto. En raras ocasiones me oirás decir esto, pero, ahora mismo, todo está desequilibrado. Tu intuición está distorsionada, porque el abuso del psicópata la ha desquiciado por completo.

Tendrás mucho tiempo para resolver la situación con tus amistades después de haber superado la recuperación. Si crees que tienes amigos tóxicos, aléjate de ellos a partir de ahora. No hay por qué entrar en detalles ni ser desagradable; diles simplemente que estás atravesando un mal momento y que volverás a ponerte en contacto con ellos cuando hayas recuperado un poco la paz. Entonces podrás dedicar algún tiempo a los foros de recuperación, donde conocerás gente que entenderá lo que estás viviendo. Tus antiguas amistades no lo comprenderán, pero eso no las convierte necesariamente en malas personas. Sólo te sugerirán que «sigas adelante» y te darán el mejor consejo que puedan sobre una ruptura. Hazte esta pregunta: Si no hubieses vivido esta experiencia, ¿sabrías cómo empatizar con un superviviente?

Si al cabo de un año aún quieres ese nuevo trabajo o deseas mandar una carta desagradable a un amigo que tienes desde hace mucho tiempo, entonces sigue adelante y hazlo. Pero, de momento, tu futuro yo podría estarle muy agradecido a la paciencia de tu actual yo.

Conocimientos y baja autoestima

Síntomas: incertidumbre, ansiedad, curiosidad, desconfianza, verborrea excesiva, autoinculparte, contradecirte a ti mismo.

Aquí es donde las cosas empiezan a cambiar muy deprisa. De algún modo, abordas el tema de la psicopatía, el narcisismo o la sociopatía. Y ya sea a través de una búsqueda en Internet, algunos conocimientos previos o un terapeuta experto, ahora tienes la pieza más grande del rompecabezas. Éste es el motivo de que las etiquetas sean importantes. A partir de aquí, todo empieza a encajar.

En el fondo, sabes que dentro de ti hay algo que se ha roto en pedazos. Aunque estás impaciente por volverte a sentir bien, también quieres saber qué demonios ha ocurrido. Cuando empiezas a leer la lista de las señales de alerta de la psicopatía, comprobarás que tu autoestima está muy baja. Identificarás la mayoría de señales de advertencia (por no decir todas), pero te preguntarás si no estás etiquetando a tu ex como un psicópata porque no eres capaz de enfrentarte a la verdad de que tú arruinaste la relación. Evidentemente, ésta es la verdad *del psicópata*.

Así pues, basculas de un lado a otro mientras piensas en quien te idealizó y en quien abusó de ti. ¿Cómo alguien que pensaba que eras perfecto pudo ser la misma persona que te hizo daño intencionadamente? ¿Cómo pudo pasar de la obsesión al desprecio en un abrir y cerrar de ojos? No es posible. Es imposible que salieras con un psicópata. Él te quería, ¿verdad?

Disonancia cognitiva

Lo que acabo de describir es un fenómeno psicológico conocido como disonancia cognitiva. Es un estado de ánimo en el que la intuición te dice cosas contradictorias. Es algo totalmente normal después de una relación con un psicópata, porque estabas acostumbrado a escuchar cosas repetidamente en vez de verlas con tus propios ojos o a sentirlas en tu corazón. Aunque oías constantemente al psicópata haciendo grandes declaraciones de amor y devoción, en realidad nunca las sentías. Recuerdas con cariño los sueños que compartiste con él y el futuro que planeasteis juntos; pero, obviamente, esas cosas nunca llegaron a ocurrir.

Así pues, ¿en qué crees? ¿En sus actos o en sus palabras? Es probable que durante la relación dedicaras mucho tiempo a sus palabras. Las valoraste, las idolatraste, las analizaste y, finalmente, desconfiaste de ellas. Sin embargo, a pesar de que tu intuición te decía que algo iba mal, una parte de ti aún deseaba creer desesperadamente en el alma gemela manufacturada.

Y ahora estás desechando esas ilusiones. No entiendes en absoluto cómo funciona la mente de un psicópata, pero sabes que algo no iba bien. Así pues, va a estallar una batalla en tu mente; una batalla para reprimir el sueño de amor y pasión para que puedas tener la oportunidad de ver las cosas racionalmente.

Pasarás de un extremo al otro. Primero, el psicópata es un auténtico monstruo que te engañó y mintió durante toda la relación. Luego, en realidad, no es la peor persona del mundo; sólo era un insensible y está claro que no te hizo daño de forma intencionada. Si le perdonas, puede que todo el mundo sea feliz. Pero no, espera un momento: algunas de las cosas que te dijo fueron realmente crueles. Te hicieron sentir como una mierda; te trató con condescendencia, como si fueras un niño. Y, una vez más, todo el mundo se merece una segunda oportunidad; siempre te han enseñado a no ser rencoroso, y resultaría mucho más agradable seguir siendo su amigo. Además, ¿cómo podrías olvidar esos maravillosos recuerdos en los que te cogía de la mano y te decía «Te quiero…»?

Éste es el peligro de la disonancia cognitiva. Te retrotrae a los recuerdos de amor adictivos. Te hace anhelar un sueño roto, una mentira manufacturada. Cuando empieces a trabajar estos sentimientos, los pensamientos diametralmente opuestos serán cada vez menos extremos. Pero, mientras tanto, aún eres muy susceptible a su continuo abuso. Mientras sigas experimentando la disonancia cognitiva, no te equivoques: podrían engañarte otra vez. Basta con una palabra dulce para volver a la fase de idealización. Entonces, ¿cómo puedes protegerte?

DOS MÁSCARAS

La arrogancia en diferido es habitual entre los sociópatas. Cuando os conocisteis, él parecía inusualmente inocente, humilde, infantil y considerado. Sin embargo, a medida que iba pasando el tiempo, se transformó en un monstruo: era manipulador, arrogante y desconsiderado. Cuando está preparando un nuevo objetivo, el comportamiento del psicópata es intachable; engatusa a todo el mundo con su encanto infantil. La razón de esto es que la mayoría de la gente no se siente atraída por una flagrante arrogancia; así, el psicópata desarrolla esta personalidad «adorable» y vulnerable a fin de clavar sus garras. Sin embargo, una vez que el objetivo ha mordido el anzuelo, salen a la luz sus verdaderas intenciones. Por dentro, el sociópata es engreído, condescendiente y narcisista. Debido a estas dos contradictorias máscaras, el objetivo tendrá que hacer un gran esfuerzo por reconciliar este monstruo con la persona encantadora e infantil que conoció. El objetivo también tendrá que lidiar con la culpa de la víctima cuando lo acusen de sentirse atraído por un idiota o de que «hay que ser dos para bailar un tango». No hay que ser dos para bailar un tango cuando alguien utiliza una identidad totalmente inventada para convencer a otra persona de que son iguales en todos los sentidos.

Cortar el contacto

Tras una relación con un psicópata, la regla de cortar el contacto es la única manera de mantenerse a salvo de sus manipulaciones y abusos. No hay excepciones a esta regla. Da igual que te hicieran mucho daño: el contacto sólo empeorará las cosas. Si tienes hijos o asuntos duraderos con el psicópata, reduce todo lo posible el contacto con él.

Cortar el contacto con personas tóxicas te cambiará la vida. Al principio, te sientes muy mal; es como si tuvieras el síndrome de abstinencia después de una adicción. Sin embargo, a medida que va pasando el tiempo, descubres que cada día te trae nuevas e inesperadas bendiciones. Empiezas a desarrollar la autoestima, los límites y las amistades verdaderas. En vez de ir por ahí absorbiéndolo y perdonándolo todo, dedicas tu tiempo a personas que no se comportan de un modo que exige constantemente una explicación. Esta libertad permite que tu espíritu prospere. Algún día mirarás atrás y te preguntarás cómo pudiste relacionarte con alguien tan dañino. Tu nuevo yo empieza a sentirse un proyector de tu antiguo yo, ¡y esta situación es estupenda!

Cortar el contacto es exactamente lo que parece. Significa no ponerse en contacto con el psicópata bajo ningún concepto y de ningún modo. Así pues, ¿qué se considera contacto? Más cosas de las que te imaginas.

Llamadas telefónicas
Mensajes de texto
Ver al psicópata personalmente
Correos electrónicos
Amistad en Facebook
Mensajes a través de Facebook
Acoso cibernético

Contactar con un psicópata no puede ofrecer nada bueno, por muy aparentemente insignificante que pueda ser el contacto. Entorpecerá enormemente tu proceso de curación y al final siempre te arrepentirás. Toda comunicación con el psicópata sólo servirá para hacerte daño. Siempre está interesado en triangularte; sin embargo, a veces, la triangulación puede confundirse fácilmente con un interés auténtico. Si se le presenta la oportunidad, volverá a atraparte echando mano de su encanto, con la única intención de retomar la pesadilla que recordabas de la fase de erosión de la identidad. Recuperará la fase de idealización, propiciando tu vuelta a la disonancia cognitiva. Mentirá psicológicamente y te hará enloquecer. Te inundará de palabrería, haciendo pedazos todo tu proceso de curación. En cuanto vuelva a clavarte sus garras, serás arrastrado de nuevo a su mundo de manipulaciones. Debes superar esta adicción, y la única forma de conseguirlo es cortando el contacto.

Cuando empieces a darle vueltas a la cabeza y estés deseoso de ponerte en contacto con el psicópata, sé consciente del riesgo. Busca formas de distraerte: un nuevo pasatiempo, la meditación, la escritura, el trabajo, una mascota..., cualquier cosa para quitarte al psicópata de la cabeza. El cerebro aprende las costumbres; así pues, enséñale las más sanas. Cuando te des cuenta de que vuelves a pensar en el psicópata, respira profundamente y oblígate a pensar en otras cosas.

Lo mismo ocurre con el ciberacoso. Aunque no te estés comunicando directamente con el psicópata, aún estás sucumbiendo a una adicción. La única forma de romper con esa adicción es cortar todos los canales de comunicación con él y sufrir el síndrome de abstinencia. Puedes hacerlo bloqueándolo en Facebook, en Twitter y en tu móvil.

Podrías pensar que te sentirás mejor si asistes a la ruptura con su nueva pareja, pero no es así. Nada puede cambiar el dolor que sientes salvo el tiempo y el desarrollo personal. Lo creas o no, llegará un momento en que no podría importarte menos lo que hace o a quién está cortejando el psicópata.

Pasar página sin contactar

El siguiente texto fue escrito por una amiga íntima y colaboradora en la administración de la página web HealingJourney. Sus ideas son increíbles. Te recomiendo encarecidamente que le eches un vistazo a su libro, *The Survivor's Quest: Recovery After Encountering Evil.*

Todos los supervivientes del mal psicopático saben lo extremadamente difícil que resulta cortar los vínculos con un psicópata. Entonces, cuando han decidido no contactar, los supervivientes intentan recoger los pedazos de sus vidas y de sus corazones destrozados. Muchos de ellos escriben que lo que más desean es pasar página. Los hay que, de algún modo, piensan que podrán pasar página recurriendo al psicópata. Otros están convencidos de que es absolutamente imposible pasar página. En algún momento de su recuperación, *todos* los supervivientes se preguntan si algún día conseguirán dejar atrás las tinieblas.

La buena noticia es que sí, es posible pasar página. ¡Y esto *no* se consigue recurriendo al psicópata! Es algo que se consigue buceando dentro de uno mismo. A continuación se enumeran algunos pasos de un posible camino para poder pasar página. Esta hoja de ruta no tiene una cronología y muchos de sus puntos se superponen:

INTENTA DEJAR ATRÁS LA ILUSIÓN

El primer paso para curarse del abuso de un psicópata es dejar de tener cualquier forma de contacto con él. Y la única manera de conseguirlo es dejar atrás la imagen que tenías de la persona a la que amabas. Desgraciada y tristemente, esa persona nunca existió. Él o ella eran tan sólo una ilusión, una máscara que el psicópata creó para reflejarte y manipularte. Por muy duro que sea y por mucho que duela, el único modo de recuperar la libertad es dejar de creer en esa ilusión.

Recuerdo con toda claridad el principio del encuentro que tuve con el psicópata. ¡Pensé que era la pareja perfecta para mí! Parecía entenderme muy bien y teníamos muchas cosas importantes en común. ¡Casi parecía demasiado bueno para ser verdad! Más adelante, cuando descubrí hasta qué punto me había traicionado, de una forma que jamás imaginé que fuera posible, me di cuenta de que *siempre fue* demasiado bueno para ser verdad. Todo era una mentira… salvo para mí y sobre lo que sentía por él. Yo era real, y mis sentimientos eran reales. Y en medio del intenso dolor, me agarré a la poca luz –la luz de la verdad– que quedaba en mi alma. Dejando atrás al «hombre soñado» que pretendía ser, conseguí acercarme a mi propio corazón.

Así pues, haz todo lo posible por dejar atrás esa ilusión. Cuando lo hagas, empezarás a descubrir tu verdadero yo.

BUSCA RESPUESTAS…, ¡PERO TEN CUIDADO!

Cuando fui consciente de que me había estado relacionando con un mentiroso patológico, sentí un fuerte impulso de seguir con lo que yo llamo «mi misión de búsqueda de la verdad». Toda la gente que tenía a mi alrededor –*absolutamente toda*– me recomendó que no investigara al psicópata. Sin embargo, me sentía totalmente obligado a poner al descubierto todas las mentiras que pudiera, de modo que desoí su consejo. Resultó que había tomado la decisión correcta, porque emprendí mi misión *sin contactar con el psicópata ni con nadie que estuviera relacionado con él*. Aunque lo deseaba desesperadamente, tampoco revelé mis descubrimientos al psicópata ni a su club de fans. Al final, cuando agoté todas las vías anónimas que tenía a mi alcance, lo dejé. Estaba lejos de haberme curado, y aunque sólo descubrí una parte de la verdad, sentí que había reivindicado una parte de mí mismo. Todo el proceso fue un paso importante para recuperar mi autoestima.

No es malo intentar encontrar tantas respuestas como puedas, descubrir toda la verdad posible, *siempre que respetes la regla de no contactar.*

INVESTIGA SOBRE LA PSICOPATÍA

Un encuentro con un psicópata no es como una relación normal, lo que significa que las consecuencias serán muy distintas de las de una ruptura típica. Los supervivientes se preguntan muchos PORQUÉS, y esas preguntas deben ser respondidas para que se produzca la curación. Los supervivientes también tienden a culparse de lo ocurrido, a menudo porque los demás no entienden lo que han vivido y normalmente suelen decir cosas como «¿Por qué aguantaste?», «¿Por qué no viste las señales?» o «Hay que ser dos para bailar un tango».

¡Pero los psicópatas son anormales! En su momento, ignorabas que existieran personas así. Eras *inocente*. Debes prepararte para que los demás te desanimen a «concentrarte en ellos» –podrían dar a entender que eso retrasaría tu recuperación–, pero, en realidad, investigar sobre la psicopatía te ayuda a avanzar en tu curación. Aprendiendo a identificar las tácticas y las manipulaciones de los depredadores psicópatas, te darás cuenta de que el abuso nunca fue culpa tuya. Aprendiendo cómo funciona la mente de un psicópata, te darás cuenta de que te tendieron una trampa desde el principio. ¡Y cuando ves que todo empieza a encajar es cuando empiezas a reivindicar tu poder!

DATE PERMISO PARA SENTIR Y PENSAR

Todos los seres humanos normales tratan de evitar el dolor. Sin embargo, paradójicamente, es enfrentándonos al dolor y sufriéndolo cuando descubrimos la belleza, porque al otro lado de nuestro más profundo sufrimiento tenemos la oportunidad de experimentar la mayor de las alegrías. Mientras te estás curando, avanzarás y retrocederás por las etapas del dolor, que son exclusivas de las consecuencias que provoca el encuentro con un psicópata. Date permiso para sentir todas las emociones a medida que aparezcan, algo que probablemente se producirá en oleadas. Asimismo, deja que los pensamientos sobre el psicópata fluyan cuando abrumen tu mente, aun cuando sientas que te estás volviendo loco porque eres incapaz de pensar en otra cosa. En realidad, ahuyentar continuamente los pensamientos obsesivos puede resultar más perjudicial que útil. Es probable que estés sufriendo síntomas de trastorno de estrés postraumático, y es importante buscar recursos que puedan ayudarte a superar el trauma de lo que ha ocurrido. Esto podría incluir una terapia y otras técnicas de curación. Sorprendentemente, si te sumes en el dolor en lugar de huir de él, empezarás a descubrir quién eres a un nivel más profundo. Desarrollarás la autoestima, el amor propio y una nueva confianza en ti mismo. Aprenderás a confiar en tu intuición. Y cuando seas capaz de confiar *en ti mismo*, empezarás a encontrar a otras personas que sean dignas de tu confianza.

ACEPTA LO QUE PUEDES Y LO QUE NO PUEDES CONTROLAR

Cuando descubrí la verdad sobre el psicópata, me afectó muchísimo ser consciente de que en el mundo pudiera existir esa maldad. La relación había llegado a su fin, y me preocupaba mucho ver que el psicópata ya iba tras su nuevo objetivo, aparentemente feliz, sin que le importara nada la devastación que había dejado a sus espaldas (yo…, totalmente destrozado). Mi primera reacción ante esto fue de pena, vergüenza e indignación. Quería que vieran al psicópata como el monstruo que era. Quería convencer a la otra persona de que lo dejara. Quería que se disculpara conmigo y que lo hiciera de verdad. ¡Quería justicia y quería venganza!

Sin embargo, sabía que no podía evitar que mintiera, manipulara e hiciera daño a otras personas. Sabía que no podía convencer a su nuevo objetivo de la verdad. Y sabía que no podía conseguir que sintiera remordimientos por lo que me había hecho. Lo que *sí* podía hacer era concentrarme en mi recuperación y en mi vida. Cuando decidí hacer esto, vivir el presente, poco a poco empecé a sentirme más feliz y tranquilo. Aún libro diariamente una batalla para renunciar al deseo de controlar lo que no puedo controlar, pero, afortunadamente, no es tan difícil como solía ser. Aunque el psicópata nunca te dejará «pasar página» de una forma tradicional, ¡la luz que quizás descubras en tu alma es *mucho* mejor!

CONFÍA EN TU VERDAD

Puede que la epifanía más significativa de mi recuperación se produjera cuando por fin fui capaz de creer en mí mismo y confiar en mi verdad. Los psicópatas son inquietantemente parecidos en muchos aspectos, y, aun así, muchos de los detalles de mi encuentro me parecieron muy diferentes de las historias de otros supervivientes. Mientras luchaba para dar sentido a lo que me había ocurrido, escuché muchas opiniones de mucha gente sobre cómo curarme, sobre quién era yo, sobre cómo debería ser y sobre en qué debería creer. Me cuestioné a mí mismo, como siempre lo había hecho, y mientras albergaba intensas dudas, mi dolor resistía. Irónicamente, sólo cuando leí un montón de historias de supervivientes, tan parecidas a las mías, la niebla empezó a disiparse. Sólo después de haber leído muchas historias de otras personas, y sólo después de reconocer mi propia valía, fui capaz de ver la verdad en mi experiencia. Aún sigo teniendo dudas sobre muchas cosas, pero ahora las pongo en perspectiva y escucho primero la voz de mi corazón.

Tú tienes una voz parecida en tu corazón. Escúchala.

Y, por favor, aférrate a esta verdad: *puedes* pasar página sin establecer contacto, y *puedes* hallar la paz al otro lado de la pesadilla. Lee y aprende sobre psicopatía, aguanta el dolor, recupera tu poder y, por encima de todo, lucha todos los días por creer en ti y quererte, por creer en *tu yo más auténtico* y quererlo. *Tú* eres tu mejor guía.

Lavado de cerebro
CON LA COLABORACIÓN DE SEARCHINGFORSUNSHINE

He escrito esto pensando especialmente en todas aquellas personas que están luchando por conseguir no contactar y mantenerse firmes en no hacerlo. Sé que los primeros días sin establecer contacto son un puro infierno, y aunque lo que a mí me funcionó puede que no le funcione a todo el mundo, espero que aquí haya algo que pueda resultar útil.

La situación en la que probablemente te encuentres durante los primeros días sin contactar: Has descubierto qué significa realmente la palabra «psicópata» por primera vez en tu vida. En tu desesperada búsqueda de respuestas a la relación tóxica en la que te viste atrapado, recurres a Google. Escribes la frase que conduce a un artículo sobre psicópatas, narcisistas o sociópatas.

Puede que incluso hayas escrito una frase que te lleve hasta Psychopath Free. No te lo puedes creer, porque las personas sobre las que estás leyendo suenan igual que la persona con la que te relacionaste. Las palabras resuenan en tus entrañas. Tu mente incluso entiende perfectamente lo que te ha ocurrido. No paras de decir «ajá». No puedes creer que por fin hayas encontrado respuestas. Estás listo para terminar con todo, ahora mismo.

Sin embargo, para tu horror, poco después de haber tomado esta decisión (hayas reaccionado ya o no), empiezas a dudar de ti mismo. «¿Y si no era un psicópata...?». Quizás, sólo quizás, se trata de mí... Tal vez estoy imaginándome que es un psicópata, decía que yo era una persona dependiente... Vuelves a buscar en Google el artículo que has encontrado y vuelves a leerlo. Sueltas algunos más «ajá», como cuando lo leíste por primera vez. Hay otras cosas que encajan. «Sí, es él, ¡no soy yo!», piensas. Es un psicópata/sociópata, ahora lo sabes con seguridad. Hay más evidencias que también encajan. Comprendes por qué decía las cosas contradictorias que decía. Recuerdas frases exactas que pronunció, situaciones exactas, y las ves bajo una nueva luz. Y aun así, una vez más, vuelves a hundirte en el agujero de la baja autoestima. Una vez más, te preguntas: «¿Se trata de mí? ¿Estoy absolutamente seguro de que no se trata de mí?».

Por qué la disonancia cognitiva nos hace trizas: Lo que he descrito más arriba es lo que provoca la disonancia cognitiva, es cómo te sientes tú, cómo me sentí yo en mi desesperación por comprender lo que me pasó. Sólo te sientes así porque te lavaron el cerebro, haciéndote creer que tú eras el miembro disfuncional de la relación. Fuiste provocado por las mentiras/traiciones/promesas rotas de tu pareja para que reaccionaras, como lo habría hecho cualquiera. Utilizaron eso contra ti para asegurarse de que creyeras que todo era culpa tuya y para conservar el poder sobre ti. Esto hace que tú quieras «darle una última oportunidad a la relación», porque pensar que todo es culpa tuya te da el control de la situación en la que crees que, si te comportas de un modo distinto, él volverá a amarte.

Todos tus pensamientos sobre que la culpa es tuya son totalmente falsos. Lo que ocurre es que no eres capaz de verlo con claridad porque te han metido en el cerebro, una y otra vez, mentiras sobre quién eres y tu papel en esta relación. Esto da lugar a la disonancia cognitiva, lo que hace que tengas dudas sobre terminar la relación. Un agravante de esto es el hecho de que en la fase inicial de la relación, el psicópata hizo un excelente trabajo de idealización y bombardeo de amor. Entonces entra en juego el círculo vicioso, en el que no eres capaz de ver con claridad quién es, y la disonancia cognitiva no te abandonará hasta que no hayas estado algún tiempo sin contactar. Sin embargo, es difícil seguir adelante con tu decisión de no establecer contacto mientras la disonancia cognitiva está causando estragos en tu mente.

Lo que me funcionó para acabar con la disonancia cognitiva: Bueno, viví un auténtico infierno con este tira y afloja mental durante las seis primeras semanas sin contacto. No obstante, cada vez que leía el material que tenía a mano sobre psicópatas, narcisistas y sociópatas, toda mi disonancia cognitiva se desvanecía. Esto se debe a que mis entrañas, mi instinto, estaban admitiendo la verdad de que no se trataba de mí, de que él, efectivamente, era un psicópata. La información que leía resonaba como una verdad tan absoluta en mi corazón que ni siquiera mi aturdida mente era capaz de ignorarla o de restarle importancia. Me di cuenta de que me hacían falta más momentos de lucidez como ése; empecé a ver cómo me habían lavado el cerebro; empecé a ser consciente de que ya había experimentado antes esos momentos en los que era mi instinto el que hablaba, sólo unas pocas semanas después de haber iniciado la relación. Así pues, me di cuenta de que el único modo en que conseguiría superar esto era diciéndole a mi mente que se callara cuando ese tira y afloja de la disonancia cognitiva volviera a empezar de nuevo.

Decidí leer el material que describe las conductas psicopáticas cada vez que tenía la necesidad de decirle a mi mente que se callara. Comprendí que la forma de curarme y de conseguir que mi mente entendiera la verdad era hacerme menos preguntas mentalmente y tener más verdades resonando en lo más profundo de mi alma, más momentos diciendo «ajá»… Durante esos primeros días, también me mantuve alejado de todo aquello –lugares, música y gente– que me recordara a la relación y/o invalidara mi experiencia como víctima/superviviente de una relación con un psicópata.

Así fue exactamente cómo conseguí no contactar y silencié de una vez por todas las voces vacilantes que me gritaban a través de la disonancia cognitiva, que hasta ese momento nunca parecían quedarse sin ideas con las que desafiarme.

Lo que estoy diciendo es que en el proceso de recuperación, llega un momento en el que todas las respuestas a todas las preguntas que te haces sólo conducen a hacerte más preguntas. Llega un momento en que el interminable análisis debe llegar a su fin, un momento en que debes aprender a silenciar a tu cerebro y a escuchar a tu instinto y a hacer caso de lo que te dice. Si sigues llenando tu cerebro de dudas por culpa de las mentiras de un psicópata y reafirmándolas, no dejarás ni un hueco en tu mente para la verdad.

Tu mente necesita ser lavada e inundada con la verdad. El porcentaje de verdad que introduces en tu cerebro es directamente proporcional al porcentaje de lavado de cerebro psicopático que extraes de él. Dicho de un modo más sencillo: cuanto más grande sea la verdad, más se reducirá el lavado de cerebro. Cuanto más inundado de verdad esté tu cerebro, más se difuminan (y acaban desapareciendo) las mentiras que introdujo en él el psicópata. Entonces, por fin, una mañana te despiertas y te das cuenta de que la verdad se ha abierto camino en tu mente; ha sido filtrada por tu instinto para sustituir todas las mentiras que te dijo el psicópata. Por fin, disfrutas de la paz interior.

Con suerte, esta sección te habrá proporcionado algunas herramientas útiles para iniciar tu recorrido. Divulgar la verdad es la mejor manera de ayudarte a salir de la oscuridad. El conocimiento es poder para los supervivientes y veneno para los psicópatas. Cuanta más información tengas, mejor. Y a medida que empieza a hacer mella..., bueno, entonces sí estás en el buen camino.

Por favor, consulta la sección de recursos al final de este libro acerca de artículos, libros y videos que pueden instruirte y ayudarte a combatir la disonancia cognitiva.

Las etapas del dolor

Segunda parte

Has encontrado la pieza que faltaba del rompecabezas, la palabra que lo cambia todo. Has descubierto la psicopatía. Y de aquí en adelante, todo empieza a encajar. De pronto, dispones de palabras para describir lo que te ha pasado. Ahora, cada inexplicable recuerdo tiene una explicación, lo que te sumerge en un montón de nuevas y extrañas emociones. Al principio te resultará desagradable, pero eso se debe a que te estás recuperando de algo desagradable. Te harás muchas preguntas, y eso es bueno. Cuestionarte a ti mismo (y al mundo que te rodea) es el comienzo de un largo camino de introspección que alterará para siempre el curso de tu vida.

Entender al psicópata

Síntomas: malestar físico, necesidad de confirmación, *shock*, repulsa, momentos de «ajá», paranoia, sensación de opresión en el pecho.

Ésta es una de las etapas más extrañas e importantes del proceso de curación. La información sólo puede ayudarte a avanzar. Para entender de verdad al psicópata debes sentir realmente lo que él siente. La mayoría de las víctimas viven de acuerdo con los valores de la compasión y el amor, por lo que resulta casi imposible pensar en empatizar con un psicópata. De hecho, ésta es la razón por la que puede salirse con la suya, porque los seres humanos normales proyectan su conciencia de forma automática en el resto de la gente.

El robot

Como no tiene identidad propia, el psicópata es capaz de convertirse exactamente en lo que su objetivo busca en una relación de pareja. Asistirás a un breve período de «observación» durante el cual te dirá, con mucho entusiasmo, lo mucho que os parecéis. Durante esta etapa, se limita simplemente a escucharte mientras hablas de tus esperanzas y de tus sueños, y luego refleja una imagen exagerada de todo lo que has compartido con él. Utiliza esta «conexión» manufacturada para establecer una confianza inmediata, lo que te lleva a creer que has encontrado a tu perfecta alma gemela. Parece estar fascinado contigo en todos los aspectos, mandándote constantemente mensajes de texto y publicando sin parar en tu Facebook para que todos tus amigos lo vean. Esta persona empieza a consumir tu vida entera y, de repente, no eres capaz de imaginar cómo podías ser feliz sin ella. Sin embargo, entonces empieza la triangulación, y aquí es donde se pone más de manifiesto la falta de identidad del depredador. Empieza a atraer a examantes a los que criticó y a futuras parejas en potencia con publicaciones ambiguas y bromas privadas, asegurándose sutilmente de que tú lo veas todo. Empiezas a pensar que estás jugando a los detectives, cuando de hecho todo ha sido preparado ex profeso para ti. Estas pistas despiertan tus celos y te desquician mientras ves a tu alma gemela idealizando abiertamente a otros objetivos. Pero lo más extraño de todo es que la personalidad del psicópata cambia drásticamente a fin de coincidir con estos nuevos objetivos. Descubres que halaga a quien anteriormente había insultado, que se ríe de chistes que no tienen gracia y que cambia por entero su personalidad para convertirse en alguien a quien ni siquiera reconoces. Si le comentas que algo ha cambiado, te dirá que estás «loco» o que eres «hipersensible». Y quizás lo más inquietante de todo: a menudo puede robarte una parte de tu personalidad para utilizarla con su nueva víctima durante el proceso de seducción. Al igual que un sofisticado robot, el psicópata evoluciona y mejora con cada objetivo, tomando prestados los rasgos que funcionan de sus víctimas y disponiendo de sus restos consumidos.

Inadvertidamente, a medida que profundizas en tu investigación, pierdes algo de ti mismo. Te sentirás tan consumido por la psicopatía que empezarás a comprender de verdad cómo funciona la mente de un psicópata. Reconocerás no sólo las señales de alarma y el abuso verbal, sino también el placer sádico que sintió al destruirte y el silencio −incluso las risas− que te dedicó cuando tú estabas suplicando y llorando. En lugar de justificar todo esto como insensible o estúpido, miras atrás y ves todo su comportamiento a lo largo de la relación desde una perspectiva muy distinta.

Y, de repente, todo encaja en su sitio.

Todo tiene sentido, mientras que antes nunca lo tuvo. Desde el espejo en el que se reflejaba hasta el bombardeo de amor, la erosión de la identidad, la triangulación y el eventual abandono. Te sientes indignado. Te das cuenta de que nunca te amaron; eras tan sólo otro objetivo en un ciclo interminable. Empiezas a ser consciente de que nunca te comportaste así en ninguna otra relación, y no se debía a que él fuera especial. Se debía a que trabajó activamente en tu contra desde el momento en que te eligió.

Consideras en perspectiva todo lo que te hizo sentir como un paranoico ahora que eres capaz de ver que cada ejemplo de abuso o de desprecio era intencionado y calculado. Y, finalmente, llegas a la horrible conclusión de que el amor de tu vida −la persona en la que confiabas con todo tu corazón− lo orquestó todo para engañarte desde el principio.

Intención y sadismo

Uno de los mayores mitos en torno a los psicópatas es esa pseudopsicología de Hollywood según la cual los psicópatas son, en realidad, víctimas. Ya sea a causa de un pasado de abusos, a un padre ausente o a algo parecido, la idea es que los psicópatas no pueden evitar comportarse como lo hacen.

No estoy de acuerdo con esto en absoluto.

A diferencia de las personas con otros trastornos mentales, los psicópatas son muy conscientes del impacto que su comportamiento provoca en los demás. Para ellos, eso supone la mitad de la diversión: ver sufrir a la gente. Detectan las inseguridades y las vulnerabilidades en un santiamén y luego escogen conscientemente a alguien para explotar estos rasgos. Conocen la diferencia entre el bien y el mal, y simplemente deciden arrasar con todo.

El ciclo de la relación psicopática no es una consecuencia accidental de una «estupidez» por falta de sensibilidad y emociones. Es un proceso calculado y personalizado que los psicópatas emplean metódicamente para torturar a sus víctimas. Imagínate el tiempo y la planificación que lleva hacerse eco de las esperanzas y los sueños de otro. El psicópata dedica meses —a veces años— a interpretar el papel de una persona totalmente distinta a él. Y todo con un único fin: tu destrucción. No sentían ni una pizca de amor por ti, ni siquiera cuando afirmaban que eras la única persona que los hacía sentir así. No, durante todo el tiempo sólo estuvieron observándote de cerca, esperando pacientemente a que empezara la diversión. ¿Te diste cuenta de que en cuanto te enamoraste y te sentiste cómodo con la relación fue cuando empezó el abuso emocional? A partir de ahí te pasaste el resto de la relación intentando revitalizar frenéticamente al alma gemela que en su momento pretendió ser el psicópata.

El problema es que muchos supervivientes equiparan el insaciable apetito de atención del psicópata con alguna especie de inseguridad infantil. Pero no es inseguro. Se ama a sí mismo. Le encanta su aspecto, la forma en que puede engañar a todos los que le rodean y la manera en que sus víctimas le suplican. Cuando mantienes una relación con un psicópata, no estás llenando alguna clase de vacío en su alma rota. El psicópata no tiene alma. Quiere ser adorado y nada más. No es un niño o una niña perdidos que se esconden detrás de una personalidad fuerte; su trastorno no es un mecanismo de defensa de una fragilidad profunda. Nunca encontrarás un «punto débil» en su interior. Sólo una infinita oscuridad.

En algún momento debes dejar de pensar algo como «No contactaré porque eso acabará con sus reservas de narcisismo». Eso implica que aún cubres (o cubriste) algún tipo de necesidad en el psicópata. No lo haces, y nunca lo harás. Él no busca la atención de los demás para aumentar su ego, porque éste ya ha alcanzado su cota máxima, y puedo asegurarte que nunca se desmoralizará.

Quiere tu atención para poder consumirte y luego destruirte. Te consideró como basura desechable. Y, en un momento dado, podría reciclarte, aunque nunca porque te necesite.

Y lo que es más, tu proceso de curación no debe girar en torno a dar o retener la atención de otra persona. No debes contactar porque crees sinceramente que mereces algo mejor. Esa persona es alguien que te manipuló, te mintió, abusó de ti y te lastimó profundamente. A medida que vas recuperando tu autoestima, deberías llegar a comprender que éstos son motivos suficientes para ahuyentar de tu vida a alguien… definitivamente.

¿Soy un psicópata?

Muy a menudo, los supervivientes llegan a la muy desconcertante conclusión de que *podrían* ser psicópatas. Tras meses estudiando y reflexionando sobre el tema, creo que es normal que empieces a cuestionarte a ti mismo y a tu naturaleza bondadosa. Es un asunto desagradable, y a veces incluso adictivo. Cuando tu mente aborda constantemente la psicopatía, es lógico que apliques tus conocimientos a casi toda la gente que está en tu vida, incluido tú mismo.

He descubierto varias razones por las que probablemente no seas un psicópata, porque lo último que necesitas durante el proceso de curación es que dudes con insistencia sobre si eres malo. No necesitas esta preocupación, y ésta es la palabra clave en este caso: preocupación. Los psicópatas nunca se preocuparían por esto. Y, además, sencillamente les da igual. Tienes miedo porque consideras que la psicopatía es la raíz de todo mal. Sin embargo, ellos no consideran su trastorno como la terrible enfermedad que es. Lo consideran una fuerza. ¿Piensas lo mismo? Voy a suponer que no. Así pues, he aquí las principales razones por las cuales te estás haciendo esta pregunta:

1. EL PSICÓPATA TE HIZO SENTIR ASÍ

A lo largo de la relación, el psicópata proyecta sus defectos en ti. Te dice que eres dependiente, celoso, inseguro, controlador, malvado y que estás loco, y puede que empieces a creer que realmente te comportas así. Pero déjame que te haga una pregunta: ¿Te has sentido así alguna vez en una relación o en una amistad normal? ¿Te sientes así con respecto a tu Constante? No. Así pues, ¿cuál es aquí el denominador común? Todas las conductas citadas son características de la psicopatía, y tú sólo las tienes cuando estás cerca de esa persona. Y no es una coincidencia que estos rasgos vayan desapareciendo lentamente a medida que pasas más tiempos lejos de ella.

En una relación, las víctimas tienen tendencia a absorber todos los problemas, creyendo que pueden perdonarlo y entenderlo todo a fin de salvar la fase perfecta de idealización. Al hacer esto, acabas absorbiendo muchos de los peores defectos del psicópata, lo que te hace creer que realmente tienes esos rasgos. Después de la erosión de la identidad y el gran final, es normal que te sientas indignado contigo mismo y con tu comportamiento. Pero no eras tú. Te convertiste en un receptáculo para el veneno del psicópata. Sin embargo, con el tiempo y sin establecer contacto, empiezas a comprobar que no muestras ninguna de esas características cuando no estás con esa persona. En realidad, parece que te vuelves más amable, empático y compasivo, que estás más cerca de tu ser genuino. Ésta es la persona que eres realmente.

2. TU TIPO DE PERSONALIDAD

Hay un viejo dicho que reza: «No creas todo lo que piensas». Es extremadamente importante recordar esto durante las secuelas del gran final. La mayoría de los supervivientes tienden a compartir una variedad de rasgos comunes; dos de ellos son la tolerancia y la susceptibilidad a las sugerencias. Estas dos cualidades son realmente muy potentes, pero pueden ocasionar problemas si no se hace un poco de introspección y se aprende a controlarlas. El problema es que cuando te preguntas «¿Soy un psicópata?», tu tolerancia aceptará automáticamente la idea. Esto no se debe a ningún motivo racional para creer que eres un psicópata, sino simplemente a que tienes una mente abierta. Eso es todo. Cuando tu mente te sugiere algo, la escuchas. Y en ocasiones sólo necesitas aprender a reírte de lo ridícula que es esa idea.

Desgraciadamente, muchos supervivientes también tienden a ser muy abiertos a las sugerencias de que son horribles y cerrados a las sugerencias de que alguien más también podría serlo. A medida que te vas recuperando y empezando a situarte de nuevo en el plano de la cordura, deberías dejar de verte bajo esta luz negativa y empezar a recuperar la perspectiva. Eso significa que debes adoptar una mentalidad más tendente a «Estoy bien, estás bien» en detrimento de esos tóxicos «No estoy bien, tú estás bien» que dominaba la mayor parte de tu relación. Así pues, recuerda que eres tolerante y que es probable que seas mucho más susceptible a la hipnosis y a las sugerencias de otros tipos de personalidad. Sé consciente de esto y aprende a utilizarlo.

En este sentido, la depresión también puede teñir tu punto de vista. Durante la depresión, los pensamientos negativos encuentran el modo de instalarse en tu mente, convenciendo a tu cerebro de que son más importantes que los positivos. Al igual que un virus, la depresión desarrolla mecanismos de supervivencia y sigues deprimido. Te convence de que tus pensamientos positivos son sólo delirios e ignorancia. Sin embargo, estos pensamientos negativos que cruzan tu mente no son reales. Tu cerebro te está engañando. Tú no eres un psicópata.

3. TIENES LÍMITES

Los abusadores engañan, mienten, insultan, manipulan, confunden e ignoran a los demás alegremente, pero, a menudo, los supervivientes se dan cuenta de que cuando reaccionan firmemente y se resisten al abuso, acaban sintiéndose mal en seguida. Olvídate de esta agitación interior. Tener límites es lo que te hace sano. Hacer daño intencionadamente y sin remordimientos a otra persona es lo que hace un abusador.

Es probable que no estés acostumbrado a tener límites. En realidad, muchos supervivientes ni siquiera los tenían. Un extraño regalo de la experiencia psicopática es que empiezas a descubrir esos límites. Aunque hay quien lo llama narcisismo sano, yo creo que «respeto por uno mismo» es una expresión que lo define mucho mejor. El problema es que, en este punto, los límites y la autoestima son completamente ajenos a ti. Así pues, cuando empiezas a experimentar estas cosas, te sientes como un estúpido egoísta y despreciable, cuando, en realidad, simplemente dejaste de interpretar el papel de abnegado felpudo.

Quizás empieces a descubrir que las viejas amistades y las dinámicas tóxicas se desmoronan a medida que te haces más fuerte. Es casi como si te estuvieran castigando por curarte. Pero no es así. En realidad, eres lo bastante fuerte como para permitirte en tu vida sólo lo que es sano. Sólo eres un ser humano normal con sentimientos. Pero tal vez estés rodeado de gente que no quiere que seas normal, que prefieran a esa persona que atiende cada una de sus necesidades. Así pues, te hacen sentir mal por adoptar costumbres más sanas. Esta clase de condicionamiento puede hacerte sentir psicopático y no empático, pero, una vez más, no es así. Es lo que ocurre cuando las personas egoístas dejan de salirse con la suya. Luchan para que las cosas sigan como están, porque la dinámica existente les conviene. Pero a ti no te conviene, y eso es lo que los límites te ayudan a comprender. El hecho de que regañes a alguien o que le exijas un poco de respeto no te convierte en un psicópata. Lo que consigue es hacerte más fuerte. Cada vez que no dejas que te pisoteen, una parte de tu espíritu vuelve a la vida.

4. HAS EXPERIMENTADO EL CICLO DE LA RELACIÓN POR TI MISMO

Las relaciones psicopáticas siempre tienen un patrón demostrado y verdadero: idealización, desprecio, descarte. Sin embargo, el psicópata no es el único que sigue ese ciclo. Tú también atraviesas fases. La diferencia estriba en el orden. Tú idealizas a esa persona más de lo que habías idealizado a alguien en toda tu vida. Luego, eres descartado y te quedas destrozado y solo para recoger los pedazos. Y, finalmente, empiezas a despreciar a esa persona a medida que vas aprendiendo cosas acerca de la psicopatía. Deconstruyes a esa persona a partir de la fase de seducción, del mismo modo que ella te deconstruyó durante la erosión de la identidad.

Éste no es el ciclo natural que atraviesa cualquier persona tras una ruptura. Evidentemente, muchos ex acaban teniéndose una mutua aversión, pero no viven una montaña rusa de altibajos, deconstruyendo rasgos de una personalidad que en otros momentos idealizaron. Por desgracia, la única forma de curarse es recorrer este ciclo tóxico. Sólo entonces, finalmente, conseguirás darte cuenta de que todo fue una mentira. Una ilusión. Un espejo pervertido. Para ello, debes iniciar el proceso antinatural de desamar todo lo que en una ocasión habías amado. Pero no sólo parte de ello. Todo. Porque nada de ello era real. Sólo entonces podrás recuperar la autoestima y tus sueños.

Además, atravesarás muchos otros procesos de infravaloración. Muchos supervivientes acosan virtualmente durante un tiempo, sobre todo porque no tienen ni la más remota idea de lo que acaba de ocurrir. Las redes sociales brindan la oportunidad de conseguir más conocimiento sobre la verdad, pero al final debes ser consciente de que no te ayuda en tu proceso de curación. La conclusión es que el acoso virtual cuenta como contacto, y no te hace ningún bien. Es probable que te volvieras adicto al acoso virtual durante la fase de idealización, cuando te aislaste, esperando ansiosamente frente al ordenador cada actualización del psicópata. Él lo sabía y le encantaba el poder que le otorgaba. Date cuenta, sin embargo, de que él estaba haciendo lo mismo que tú, aunque probablemente era mucho mejor ocultándolo. Por ejemplo, podría haber afirmado que apenas había vuelto a revisar tu Facebook y más adelante, accidentalmente, haber hecho una referencia a algo que habías publicado unos días atrás. O podría haber dicho que no esperaba tu llamada, cuando en realidad se estaba preguntando por qué estabas tardando tanto en hacerla. Así pues, no te castigues por sentirte atrapado por los juegos mentales. Entiende simplemente que esta adicción no es sana y que puedes acabar con ella ejerciendo el autocontrol.

Es probable que durante y después de la relación psicopática hayas hecho cosas de las que no te sientas orgulloso: has mentido, has buscado atención y enviado desagradables correos electrónicos. Pero esto no te convierte en un psicópata. En algún momento debes perdonarte y hacer un esfuerzo consciente para empezar a tomar mejores decisiones. Tú no eres ese ex despreciable, acosador, vengativo y reproductor de actitudes. Lleva mucho tiempo y esfuerzo purgar tu sistema del ciclo de la relación tóxica, pero puedes conseguirlo y buscar relaciones normales y amorosas.

5. TU EMPATÍA ESTÁ COMPLETAMENTE DESESTABILIZADA

Te sentirás vacío e insensible durante largos períodos de tiempo. Éste es el carácter de la recuperación psicopática. Sin embargo, la insensibilidad no equivale a la psicopatía. Significa que tus emociones han sido pisoteadas y manipuladas, y van a tardar mucho en restablecerse. Sí, un psicópata es emocionalmente insensible, pero lo será durante toda su vida. Nunca se pasaría meses llorando la pérdida de su inocencia o reflexionando sobre su corazón roto.

Tus emociones y tu empatía están hibernando. Y un buen día, el oso adormecido se despertará más fuerte que nunca. Al fin y al cabo, te darás cuenta de que eres más intuitivo y compasivo que nunca. Así pues, no te preocupes si ahora crees que eres insensible. Eso pasará, y será reemplazado por algo mucho mejor.

¿Recuerdas mi recomendación de esperar varios meses antes de entablar nuevas amistades y relaciones? La razón es que te sentirás frustrado y deprimido porque tendrás la sensación de no poder experimentar el mismo amor e ilusión que sentías con el psicópata. Te sentirás como una mala persona por molestarte al ver que tu nueva pareja no parece ser tan atento ni sensual. No puedes seguir quedándote atrapado en relaciones psicopáticas, porque sólo consiguen hacerte daño a ti y a la gente que te rodea. Te sentirás abrumado por la culpa, además de por tu ya dañada empatía.

Así pues, en lugar de fustigarte por no ser capaz de alcanzar lo imposible, dedica un tiempo a la introspección y a convertirte en tu propio mejor amigo. No obstante, incluso la introspección tiene sus límites; en algún momento deberás dejar de pensar y empezar a vivir. Aunque esto podría llevar años, en el fondo de tu corazón sabrás cuándo estás preparado. Un exceso de introspección puede volver loca a una persona. En su justa medida, sin embargo, puede proporcionar toda suerte de sabiduría y creatividad.

6. TIENES UNA AGUDIZADA COMPRENSIÓN DEL MAL

En algún momento, muchos supervivientes creyeron que todas las personas tenían algo de bueno en su interior. El psicópata sirvió como una desagradable llamada de atención a esa dichosa ignorancia. Cuantas más cosas aprendes sobre la psicopatía, más aprendes también sobre la naturaleza humana. Entiendes cómo y por qué te engañó el psicópata, cómo jugó con tus mayores inseguridades. Cómo te bombardeó con amor. Cómo activó una adicción química.

Y entonces, de repente, puede que te sientas un poco más oscuro por dentro. Es como si te hubieras acercado demasiado al mal. Y ahora sabes cómo podrías halagar a alguien para que hiciera cualquier cosa por ti. O cómo conseguir que una persona tuviera tendencias suicidas. Son unos conocimientos realmente desagradables que probablemente preferirías no poseer. Pero piensa en ello: ¿Lo harías alguna vez? Por supuesto que no. Tu conciencia te detendría en un abrir y cerrar de ojos. Eso es lo que te diferencia de los psicópatas. No los conocimientos, sino tu conciencia y las acciones que resultan de ella. De modo que no, no eres malo por tener esta nueva visión de la gente y del mundo.

J. K. Rowling escribió: «Todos tenemos luz y oscuridad dentro de nosotros. Lo que importa es la parte a la que decidimos obedecer. Eso es lo que somos en realidad». Ten esto en cuenta durante el proceso de curación. Cada persona tiene sus propios demonios; lo que nos define es cómo decidimos manejarlos.

Recuerda los días felices en los que no sabías nada sobre la psicopatía. La vida era maravillosa. ¿Alguna vez te has considerado malvado por disfrutar de un cumplido? ¿Manipulador por ser amable? ¿Malintencionado por hacer una buena obra? Me imagino que no. Sólo cuando te encuentras con algo muy siniestro empiezas a cuestionarte a ti mismo. Bueno, ya basta. No eres un psicópata y nunca lo has sido. Como todo lo demás, el alma se cura y volverás a recuperar el equilibrio a medida que tu empatía y tus emociones vuelvan a la vida.

Te condicionaron para que interpretaras los cumplidos y las atenciones como una especie de arma, pero no lo son. Valorar un cumplido o disfrutar de una atención de vez en cuando no te convierte en un psicópata. Debes sentirte cómodo aceptando estas cosas de gente normal y sana. No permitas que el hecho de saber cómo fuiste manipulado te impida disfrutar de una de las cosas más hermosas de la vida: la energía positiva.

No eres un psicópata. Eres justo lo contrario. Y ésta es la única razón de que te hagas esta pregunta.

Emociones tardías

....

Síntomas: rabia, depresión, celos desmesurados, frenesí de ideas, odio, abrumadoras tentaciones de contactar con el abusador.

Una vez hayas entendido al psicópata, experimentarás muchas emociones desagradables. De modo que ponte cómodo, porque vas a vivir esta etapa durante un tiempo.

En esta fase empezarás a sentir todo lo que no se te permitía sentir durante la relación. ¿Te acuerdas de las emociones que dejaste de lado a fin de estar en paz con ellas? Eran esas que en realidad no conducían a ninguna parte; sólo removían tu corazón durante un rato, manifestándose en forma de baja autoestima y ansiedad. Pero ahora que por fin entiendes cómo funcionan los juegos del psicópata, te sientes absolutamente asqueado. Engañado. Manipulado. Violado.

Rabia

La indignación ha sustituido a la baja autoestima. Ahora conoces la verdad. Te has dado cuenta de cómo te utilizaron, te sedujeron y te lavaron el cerebro. Estás más que enfadado. Quieres matar al psicópata. Quieres escribirle una carta y decirle que arda en el infierno. Hablas obsesivamente de todo lo ocurrido con tus amigos y tu familia; necesitas contar tu historia. Has estado callado y reducido a la nada durante mucho tiempo, y ahora por fin puedes hablar.

Siempre que acusabas al psicópata de engañarte o mentirte, le daba la vuelta y te culpaba a ti, por lo que te sentías mal en vez de desquiciado. Esta disonancia cognitiva provocó una gran supresión de la ira, pero por fin está emergiendo. También podrías sentir unos celos tardíos al darte cuenta de lo mucho que duró el engaño, cómo utilizaron tu comportamiento manufacturado para cortejar a otra persona mediante la compasión y la lástima. La campaña de difamación hace que sientas la necesidad de demostrar la verdad y defenderte.

Esta rabia tardía es completamente esperable tras una relación psicopática. Puede tardarse meses o incluso años en sentirla. Por favor, en la medida de lo posible, no te dejes llevar por ella. No puede acarrear nada bueno. Lo mejor que puedes hacer es mantener la calma y la serenidad. El psicópata quiere que sientas rabia para poder demostrar a todo el mundo lo loco que estás y lo mucho que aún le quieres. Te utilizará para la triangulación mucho después de que haya acabado la relación, aun cuando no contactes con él.

Y lo que es más, la rabia no te servirá de nada. Aunque es una parte esencial del proceso de curación, a largo plazo no te proporcionará la paz. Su principal objetivo en la curación es desarrollar tu autoestima y la certeza de que te merecías algo mucho mejor.

Depresión

Bascularás entre la depresión y la rabia durante mucho tiempo. Tendrás días buenos y días malos, y no serás capaz de mantener ningún tipo de equilibrio en tus estados de ánimo. Una noche pensarás que ya estás listo para seguir adelante, y a la mañana siguiente te despertarás llorando y gritando contra la almohada.

No quieres estar triste. Y no mereces estar desquiciado. Lo único que hiciste fue enamorarte. ¿Por qué estás siendo castigado por haberte enamorado?

Te parece imposible ir a cualquier sitio sin pensar en tu abusador. Cada pareja con la que te tropiezas te recuerda a la relación que terminó. Tus viejas canciones de amor parecen sonar en la radio a todas horas. Ni siquiera te puedes tomar una copa de vino sin echarte a llorar y sentirte avergonzado.

Y así empiezas a aislarte del mundo que hay a tu alrededor, rodeándote de gente que te comprende en foros de debate. Tienes pensamientos obsesivos, un frenesí de ideas. Las cosas más nimias te ponen nervioso. Vuelves a tener límites —o quizás se están estableciendo por primera vez— y no puedes creer que seas capaz de dejarte hundir tanto. Sólo ahora estás empezando a darte cuenta de lo mucho que realmente perdiste. De lo mucho que cambiaste tu vida para dar cabida a un ser tan malvado. No perdiste sólo amigos, dinero y experiencias vitales, sino también tu felicidad. Tu visión amable del mundo ha acabado hecha añicos. En lugar de otorgar a la gente el beneficio de la duda, de repente te cuesta confiar en ella.

Empiezas a tener una constante sensación de miedo y a sentir una opresión en el pecho; es el demonio que te envuelve el corazón con sus garras y que siempre está ahí para recordarte todo lo que quieres olvidar.

Cuando las personas empáticas se autodestruyen

Creo que la mayor parte de las personas empáticas tienen un modo de «autodestrucción». Esto suele ocurrir a menudo cuando nuestros esfuerzos por mantener la relación acaban viniéndose abajo y nos damos cuenta de que, por mucho que lo intentamos, nunca fue suficiente. Una vez nos ponemos en modo autodestructivo, atravesamos varias fases:

1. A TODA MÁQUINA

En esta fase intentas empatizar desesperadamente con todo y con todos los que te rodean. Contactas con gente nueva, tratando de darle exactamente lo que crees que necesita, esperando, a cambio, amor y gratitud. Inviertes ingentes cantidades de tiempo y energía en personas necesitadas. Durante este período, es posible que te muestres de acuerdo con cosas con las que en realidad no lo estás y establezcas muchas relaciones con gente de las que más adelante te arrepentirás. Estás intentando demostrar que la empatía puede mejorar cualquier persona o situación.

2. RABIA

En este punto puede que aún niegues el hecho de que te has rodeado de gente que es insaciable. Al darte cuenta de que ninguno de tus esfuerzos da frutos, te pones furioso y declaras la guerra a tu antiguo yo y a todo lo que en otros tiempos encarnaste. Basta ya de ser el/la chico/chica bueno/buena. Basta ya de ser un felpudo. Para compensar con creces todo esto, te vuelves un poco desagradable y a menudo pierdes amigos por el camino.

3. SOLEDAD

En el camino de todo soñador, habrá un largo período de silencio y soledad. Al principio resulta incómodo, sobre todo después de haberte acostumbrado a buscar la aprobación de los demás a fin de experimentar la autoestima. Sin embargo, al final, este tiempo en soledad acaba resultando bastante agradable. Sin tanta retroalimentación, al final tienes ocasión de concentrarte en algunas apremiantes batallas internas. Sin otros juicios que los propios, tenemos una gran oportunidad de descubrir quiénes somos de verdad. Es durante este período de soledad cuando empezamos a reconstruir nuestra identidad a partir de cero, después de haber sido aniquilados por las tinieblas en que nos sumimos, fueran las que fueran.

4. EQUILIBRIO

Empiezas a descubrir que hay un sano equilibrio en algunos aspectos de las secciones 1, 2 y 3 anteriormente descritas. No necesitas empatizar con toda la gente que te rodea. La empatía es algo que hay que reservar para las personas en las que confías y que te importan, personas capaces de corresponder a esa empatía. Tampoco necesitas asumir un carácter duro para evitar convertirte en un felpudo. Puedes demostrar tu amor propio simplemente ejerciéndolo. Y, finalmente, no necesitas aislarte del mundo para evitar que te hagan daño. Hay mucha gente buena ahí fuera, y una vez te hayas autodestruido con todas las de la ley, estarás listo para ser parte nuevamente de este mundo mágico. Con un sano equilibrio, tus cualidades se convierten en regalos que te acompañarán durante toda la vida.

Algunos de nosotros nos hemos pasado años, incluso décadas, sin pulsar el botón de autodestrucción. En cuanto lo hacemos, al principio uno se siente muy volátil y triste. Pero, al final, las personas empáticas deben recorrer ese camino. Así es como empezamos a establecer límites y aprendemos a amar de nuevo al mundo, pero esta vez con un poco de sabiduría para aceptar lo maravilloso que es.

Desenmascarar al psicópata: ¿Deberías advertir a su siguiente víctima?

Todos hemos estado allí. Mediante una exitosa búsqueda en Google, encontraste los primeros artículos sobre la psicopatía y todo empezó a encajar. Resulta increíble, abrumador, exasperante, horrible y despierta muchas otras emociones terribles.

Para muchos de nosotros, las primeras reacciones son:

1. Desenmascarar al psicópata
2. Advertir a su próxima víctima

Es muy tentador extraer algunas palabras clave de un artículo que acabas de leer y mandárselas a tu ex y a su siguiente víctima en un impulsivo correo electrónico, demostrando que sabes exactamente lo que es.

He aquí la suposición: El psicópata se asustará al ver que sabes lo que es, y por fin borrarás de su rostro esa sonrisa de superioridad. Su próximo objetivo leerá tu correo, reconocerá todas las señales de alarma y dejará al psicópata inmediatamente. Os haréis amigos íntimos y tomaréis café todos los días.

He aquí la típica realidad: El psicópata utilizará tus palabras para demostrar a todo el mundo lo obsesionado, amargado y loco que estás. Debes tener en cuenta que muy poca gente conoce o se preocupa por la psicopatía. Así pues, los demás sólo verán a alguien que aún está enamorado y que no es capaz de aceptar el rechazo. Tus frenéticos mensajes serán utilizados para triangular al nuevo objetivo, que se sentirá incluso más especial y deseado y utilizará tu «locura» como un mecanismo de unión.

Tu mensaje al nuevo objetivo caerá en saco roto. Cuando estabas siendo bombardeado con amor e idealizado, ¿te habría afectado un mensaje en el que definían a tu alma gemela como un psicópata?

Si ya has hecho estas cosas, no te preocupes. La vida continúa, y en algunos casos realmente funciona. Retrospectivamente, estoy seguro de que cuando el nuevo objetivo esté en el otro lado, destrozado por el psicópata, él o ella valorarán que intentaras advertirlos. En cualquier caso, no hay que avergonzarse de sentir unas inmensas ganas de vengarse, sobre todo después de lo que te ha ocurrido.

Sin embargo, mereces ser feliz, y la felicidad empieza no contactando. Tu corazón necesita mucho tiempo y amor para empezar a curarse, pero eso no puede suceder cuando tu energía se concentra en deconstruir una dinámica extremadamente tóxica.

Comparte tu historia, desahógate cuanto necesites, escribe mensajes que no mandarás: todo esto forma parte esencial del proceso. Como te dirán miles de miembros de foros, todo mejorará, y llegará un momento en el que no podría importarte menos la nueva relación. A medida que los días se conviertan en semanas y las semanas en meses, olvidarás por completo cuánto tiempo ha transcurrido y empezarás a vivir *tu* vida. En eso consiste este viaje. En cultivar la autoestima, la bondad y la felicidad.

El trastorno de estrés postraumático

Síntomas: adormecimiento, sensación de desconexión, recuerdos recurrentes, aversión al amor y al sexo, dos «tú», aislamiento.

Una vez hayas experimentado todas las emociones que debías experimentar, tu espíritu acabará roto y exhausto, porque cuando todo ha sido dicho y hecho, sabes que no puedes seguir enfadado y deprimido eternamente.

Llega un momento en el que el desahogo deja de ser sano para convertirse en una reflexión adictiva. Sabes que nunca volverás con esa persona que abusó de ti y comprendes que no puedes cambiar el pasado.

¿Y ahora qué? ¿Cómo vas a recuperar tu vida cotidiana, aprendiendo a lidiar con el abuso que padeciste? ¿Cómo vas a disfrutar de cada día sin los excesivos cumplidos y la aprobación a los que estabas tan acostumbrado? Ahora, el mundo te parece distinto. Sin vida. Aburrido. Sin esperanza.

Sientes que se activan tus resortes más oscuros y que eres incapaz de disfrutar de una cita o de un encuentro con un viejo amigo. Estás en alerta máxima a todas horas, buscando constantemente la manipulación y las señales de peligro. Te ofenden las bromas más inocentes. Esa sensación de miedo en el corazón parece que nunca te abandona, advirtiéndote que alguien o que todo el mundo puede intentar lastimarte.

Además, después de pasar ratos con otras personas, analizas demasiado la experiencia y acabas haciendo un lista de razones por las que determinada persona ya no debería estar en tu vida. Te sientes muy mal por pensar así; te sientes culpable y avergonzado de que puedas ser tan desleal. Tus opiniones sobre los demás bascularán entre lo positivo y lo negativo, igual que con el psicópata. Ahora estás aplicando el horror que viviste a todos los aspectos de tu vida, a pesar de que el psicópata ya lleva bastante tiempo fuera de ella.

Contrariamente a la creencia popular, no es necesario ser un veterano de guerra o la víctima de un secuestro para sufrir el trastorno de estrés postraumático. Tu situación actual encaja en todos los criterios de este trastorno:

1. **Vivencia de un hecho traumático.** Sí, sufrir el abuso de alguien a quien amas es traumático y te cambia la vida.
2. **Repetición persistente de la experiencia.** Sí, a través del ciclo de «mezquindad y dulzura» fuiste sometido una y otra vez a los abusos del psicópata.
3. **Evitación persistente y adormecimiento emocional.** Sí, éste es el mecanismo que adoptaste para justificar su comportamiento.
4. **Síntomas persistentes del aumento de una agitación que antes no experimentabas.** Sí, empiezas a experimentarlos durante la eta-

pa de las emociones tardías y acaban manifestándose como ansiedad y miedo.

5. **Prolongación de los síntomas durante más de un mes.** Sí, la mayoría de los supervivientes necesitarán entre doce y veinticuatro meses de recuperación antes de ser capaces de volver a confiar y a amar.

6. **Deterioro significativo.** Dime cómo te sientes ahora. En mi opinión, decir «afectado» es quedarse corto.

La verdad triunfa

A menudo, quienes se han relacionado con un psicópata, un sociópata o un narcisista se sienten como si hubieran sido tocados por el mal en estado puro; están atormentados por una constante ansiedad, tienen una baja autoestima y están rodeados de unas tinieblas que no son capaces de explicar. Es como si les hubieran succionado su fuerza vital y se vuelven insensibles a las cosas que en otros tiempo les hacían felices. La gente sin conciencia causa este efecto en las personas empáticas; la reacción entre el alma y la falta de ella cambia la vida. En definitiva, se convierte en una de las experiencias más importantes que puedan imaginarse. Empiezan a ver el mundo tal y como es de verdad, y a sí mismos como son de verdad. Poco a poco recuperan la energía, y como su espíritu genera este poder desde su interior, no puede romperse.

A medida que vas asumiendo que las sustancias químicas de tu cerebro se han visto alteradas por esta experiencia, deberías sentirte bien buscando la ayuda profesional de quienes saben cómo combatir este obstáculo debilitante durante el proceso de curación. No hay que avergonzarse de los trastornos mentales: lo único que debes hacer es encontrar la ayuda adecuada. Personalmente, tuve una gran experiencia trabajando con una terapeuta especializada en relaciones abusivas. Las sesiones que tuve con ella me cambiaron la vida, y es la responsable de buena parte de la paz que siento actualmente. Ten en cuenta que, como en cualquier otro campo, también hay malos «profesionales». Si decides hablar con alguien, recuerda que tienes todo el derecho a que te guste o no. Habrá muchos profesionales entre los que elegir, de modo que no te conformes con alguien a menos que te sientas satisfecho al cien por cien. Confía en tu intuición a la hora de encontrar al terapeuta perfecto.

Una segunda oportunidad

Uno de los sentimientos más comunes asociados al trastorno de estrés postraumático es la impotencia. Tanto durante como después del abuso, acabas sintiéndote impotente para cambiar la situación. Te das cuenta de que fuiste hechizado, engañado, utilizado y abandonado, y no hubo absolutamente nada que pudieras haber hecho para evitarlo. Y justo cuando pensabas que habías tocado fondo, el psicópata te quitó la poca dignidad que te quedaba. Se aseguró de que tu comportamiento fuera lo más histérico y bochornoso posible. Y da igual que te tratara de una forma horrible, porque siempre dio la impresión de que el «ganador» era él (más adelante abordaré esta cuestión con mucho más detalle).

Una vez que te das cuenta de que esto sólo era un juego para el otro, esta impotencia empieza a parecer incluso más abrumadora. Miras atrás y piensas en cada momento en el que rogaste y suplicaste, consciente, ahora, de que él disfrutaba en silencio de tu reacción. Recuerdas cada vez que te dijo que estabas loco y que eras celoso, y te das cuenta de que siempre tuviste la razón, que te estaba engañando a conciencia. Y piensas: «Si volviera a ponerse en contacto conmigo sólo una vez, podría ser yo quien lo ignorara».

Esto se llama segunda oportunidad, y creo que es la forma en que tu espíritu supera una situación de completa impotencia. Tu imaginación es una herramienta increíblemente poderosa que lo único que quiere es asegurarse de que deje de dolerte el corazón. Así pues, permítete fabular sobre estas segundas oportunidades cuando los malos recuerdos no te dejen en paz. Por supuesto, la parte irritante de tu cerebro podría intentar recordarte que nada de todo esto es «real», aunque la imaginación es tan real como nosotros queremos que sea.

En lugar de rogar y suplicar, quizás te reíste de sus críticas desagradables. En lugar de no parar de disculparte, quizás le pediste una disculpa. En lugar de llorar cuando te castigó con su silencio, quizás le castigaste también con el tuyo. En lugar de ser abandonado de la forma más insensible que pueda imaginarse, quizás fuiste tú quien se fue y no volvió a hablar nunca más con él.

Básicamente, lo que haces es enmendar todas las situaciones en las que el psicópata te puso de rodillas. No le des la satisfacción de que te vea con toda tranquilidad mientras te revuelves frenéticamente en el fango por su culpa. En lugar de eso, con tus adquiridos conocimientos sobre la psicopatía, tú eres quien está tranquilo y lo derrotas en todos sus juegos.

Esto no sólo es natural después de una relación abusiva, sino que creo que es mucho más sano que revivir el mismo trauma una y otra vez. Solías emplear tu imaginación para absorber el abuso y fantasear durante el proceso de devaluación de las cualidades que el psicópata no tenía. Así pues, ¿por qué no deberías emplear esa misma imaginación para combatir todo este dolor?

Con el tiempo, te darás cuenta de que esa versión frenética, rota, ansiosa y desquiciada de ti no era nada de lo que avergonzarse. Eras simplemente una persona con buen corazón reaccionando ante una situación muy desagradable. Esos arrebatos y comportamientos eran el resultado de la explotación y erosión de tus cualidades más admirables. A mí me costó un tiempo llegar a esta conclusión, pero cuando miro hacia atrás y pienso en mi antiguo y caótico yo, lo que siento en realidad es una extraña especie de admiración por esa persona. Estaba haciendo todo lo que podía frente a una situación imposible, y siempre la respetaré por ello.

Un nuevo dolor después de las tinieblas

Tras la experiencia con un psicópata, parece como si la vida se hubiera detenido durante un tiempo. Inviertes todas tus energías en la investigación, la validación y la curación. El mundo que te rodea se para mientras te esfuerzas por recuperar la conciencia de ti mismo. Pero, inevitablemente, la vida continúa, y, como es natural, siguen ocurriendo cosas malas. Ya sea la muerte de un amigo o de un miembro de la familia, otra ruptura, la pérdida de una mascota muy querida, una enfermedad o cualquier otra cosa, tú sentirás dolor. Sin embargo, después de la experiencia con un psicópata, es distinto. Siempre vuelves sobre lo mismo: «Podría haber lidiado con esto mucho mejor si no hubiera tenido una relación con ese psicópata».

El dolor es mayor, y parece que cada reto te conduce de nuevo a la relación tóxica, aun cuando no tenga ninguna relación con ella.

Esto es especialmente cierto en el caso de las rupturas, porque tuviste un destello de esperanza y felicidad con otra persona, una experiencia que por fin consiguió que te olvidaras del psicópata. Pero en cuanto la dejas atrás, los sentimientos vuelven en seguida, como una segunda ola de erosión de la identidad, a pesar de que el psicópata haya desaparecido de tu vida hace mucho tiempo.

En realidad, no creo que estos sentimientos tengan nada que ver con el psicópata. Tu espíritu se ha transformado, se ha vuelto más sensible y vulnerable a la tristeza. Puede que al principio interpretes esto como algo malo, porque hace que te sientas frágil cuando más necesitas ser fuerte.

Sin embargo, esta energía negativa tiene un propósito más importante. En lugar de escarbar en los viejos recuerdos, déjate llevar. Llora cuanto quieras. Envía olas de energía llenas de amor para curar lo que necesites curar o para tocar lo que ya se ha ido. Acabarás agotado, pero también te sentirás en paz, conectado con algo más profundo que tú mismo.

Lidiar con el dolor nunca volverá a ser lo mismo, pero eso no tiene por qué ser malo. Sólo se vive mal al principio porque no tienes ni de idea de hacia dónde debes dirigir estas nuevas y abrumadoras emociones. Así pues, vuelves a lo que te resulta familiar cuando te sientes peor que nunca. Pero pronto aprendes a lidiar con esas dolorosas emociones y a canalizarlas de un modo más sano.

He aquí otra cosa que debes tener en cuenta cuando estés triste: ¿Qué otras cosas resultan más fáciles de sobrellevar por culpa de la experiencia que has vivido? La mayoría de los supervivientes encuentran mejores amigos y relaciones más sanas, mejoran su autoestima y sus límites, y tienen una conexión más amplia con la humanidad.

A veces, la negatividad puede ser como una bola de nieve, y es importante recordar lo lejos que has llegado. Ten un poco de fe en ti mismo por haber resurgido de tus cenizas.

Has sobrevivido a las tinieblas. No debes temer a nada.

Vergüenza

Después de atravesar las primeras y desagradables etapas del dolor, muchas víctimas se avergüenzan de sí mismas y de las secuelas de la relación. No pueden creer que cayeran tan bajo, llegando a suplicar aceptación y aprobación a otro ser humano. Es como un insulto a tu alma, y con motivo.

Por si esto fuera poco, es probable que te pasaras mucho tiempo defendiéndote ante cualquiera que te escuchara, recurriendo a argumentos imaginarios y tratando de explicar tu cambio de postura con respecto a la relación, diciéndole a todo el mundo que en realidad esa persona no era la pareja perfecta que en otro momento afirmaste que era, sino un psicópata abusador.

Inconscientemente, los supervivientes continúan buscando a menudo la aprobación de fuentes externas mucho después de que haya terminado la relación. Es una costumbre que adquiriste después de supeditar tu autoestima a todas las cambiantes opiniones del psicópata. Cuando sigues esos patrones con otras personas, puedes acabar acumulando bochornosos recuerdos, sobre todo si siempre te habías enorgullecido de ser alguien independiente y positivo.

Es como una especie de enorme nube oscura que cubre tu, por otra parte, buen historial. Tu vida se convirtió en una bolsa de canicas que se derraman por el suelo. Tus pensamientos y emociones se dispersan por doquier, y te resulta imposible encontrar la luz y la verdad. Luego, poco a poco, tras muchos meses transcurridos, empezaste a meter de nuevo las canicas en la bolsa. Y cuanto más lo hacías, mejor comprendías lo que realmente sucedió y cómo tu comportamiento pudo afectar a los demás.

Pero no te preocupes más por esto. Perdónate y sigue adelante... Todo el mundo lo hace. Nadie piensa en ti tanto como tú. Puede que suene mal, pero creo que resulta más aleccionador que cualquier otra cosa. Es un recordatorio de que todos libramos nuestras propias batallas todos los días, y la mayoría de la gente ni siquiera recuerda ese vergonzoso comentario que hiciste la semana pasada a menos que lo saques constantemente a colación.

Tu meta es concentrarte en el presente. Te esperan un montón de cosas buenas. Descubrirás más sobre ti mismo y este mundo de lo que eres capaz de imaginar, porque para encontrar esas canicas que has perdido deberás buscar en lugares extraños.

Una vez más, la disonancia cognitiva

Según el dicho, el tiempo lo cura todo, y eso es verdad hasta cierto punto. El problema con el progreso en la recuperación es que te alienta a olvidar lo mal que estaban las cosas durante la relación. Es un mecanismo de curación para tu corazón, una amnesia selectiva que te protege de los recuerdos dolorosos. Podrías llegar a pensar en perdonar a tu ex y en quedar con él para comer sólo para hallar un poco de paz en todo lo ocurrido.

No cometas este error, porque sólo serás arrastrado de nuevo a las mismas manipulaciones de siempre. Únicamente estás proyectando tu recobrada felicidad y tu optimismo en tu recuerdo de la relación. Esto es realmente sano, porque contribuye a apaciguar el frenesí de ideas. Toma nota del progreso y atribúyelo a tus propios esfuerzos. Asume que te sientes mejor *porque* has pasado tiempo alejado del psicópata y no porque estás preparado para pasar página. Volver a introducirlo en tu vida sólo te llevará de vuelta a las primeras etapas.

Hablaré con más detalle sobre el hecho de perdonar al abusador en el último capítulo de este libro. De momento, tu única tarea consiste en seguir sin contactar y en tratarte bien a ti mismo.

El trauma y los dos mundos

Una de las cosas más extrañas de la recuperación es la sensación de que tienes dos «yos»: el ser alegre y confiado, anterior al abuso, y el ser caótico, desagradable y paranoico en el que temes haberte convertido. Sin embargo, creo que esto va más allá.

En lugar de dos yos, digamos que lo que hay son dos mundos. El mundo material que ves y escuchas todos los días, y otro que sólo eres capaz de sentir en tu corazón, una conexión especial con el universo y con todos sus seres. Creo que, siendo niños, nacemos con un vínculo natural con ambos. Sin embargo, a medida que socializamos y crecemos, desarrollamos una preferencia más fuerte por el primero de ellos. Poco a poco, nuestra conexión con el mundo silencioso se debilita.

Para compensar esto, empezamos a desarrollar una poderosa protección: algo para mantenernos seguros y confiados en el mundo que hemos elegido. Esta protección se ocupa de nuestras inseguridades, vanidades y carencias más profundas. Aprendemos a juzgar externamente en lugar de percibir desde dentro. Las cosas resultan cómodas. Desde el primer día desarrollamos esta protección, que nos enseña cómo ser «fuertes». Fuertes, evidentemente, según la definición del mundo material.

Y luego, a lo largo de nuestra vida, la adversidad desgasta esta protección como el papel de lija: hay dificultades, pérdidas y desamores. Poco a poco, vamos reconstruyendo esa conexión con el otro mundo, adquiriendo más sabiduría y una noble compasión por la gente que nos rodea. Miramos atrás, pensando avergonzados en nuestros jóvenes yos y preguntándonos cómo podíamos ser tan odiosos. Al menos, así es cómo yo me imagino que funciona.

Pero el trauma es otra cosa.

En lugar de desgastarse frotándola con papel de lija, la protección se rompe de golpe. Sea cual sea el daño, tu protección no basta para salvarte de algo tan doloroso. Así pues, se viene abajo y nunca puede ser reconstruida.

Durante esta brutal desconexión, atacas y lastimas a los demás. Te concentras demasiado en su comportamiento, incapaz de reconocer el tuyo; después de todo, esto era a lo que estabas acostumbrado. Eres dependiente y necesitado, te agarras desesperadamente a cualquiera que quiera escuchar tu historia. Te vuelves insensible a las cosas que en otros tiempos te hacían feliz, recordando con cariño a un «viejo yo» que parecía ser mucho más alegre.

Sí, eres un desastre, pero ¿en qué mundo?

A medida que se van curando tus heridas, empiezas a encontrar la paz en lugares que no habías explorado desde la infancia. La imaginación. La espiritualidad. El amor. Y me refiero al amor de verdad, no al amor narcisista y a la basura hiperventilada que ansiábamos de un psicópata. Empiezas a llenar tu vacío con empatía y compasión, dos cualidades que estuvieron contigo desde el principio.

La socialización carente de sentido ya no te interesa. Deseas tener profundas conversaciones filosóficas con individuos con ideas afines a las tuyas. A menudo te das cuenta de que no encajas en determinados entornos sociales de los que en el pasado solías disfrutar. Te sientes frustrado cuando la gente no entiende por qué temas como la psicopatía y la empatía son tan importantes. Olvidas que la mayoría de la gente aún vive cómodamente con su protección de este mundo —como tú hiciste en el pasado— y, por lo tanto, es completamente ajena a estos problemas.

Luchas por navegar entre esos dos mundos, culpando de tus problemas a tus dos yos. Te das cuenta de que, por mucho que te esfuerces, nunca podrás recuperar ese antiguo yo, la persona que parecía ser mucho más feliz y más inocente. Sin embargo, también empiezas a darte cuenta de que tus interacciones con los demás se están volviendo mucho más sanas. Has desarrollado límites, respeto por ti mismo y autoestima. No necesitas tu protección de este mundo para ser tú mismo, y esto, en realidad, resulta algo extraño.

Y con el tiempo, descubres que no necesitas ninguna protección para ser feliz. Por una vez, la autoestima surge del yo. Eres consciente de lo mucho que este universo tiene que ofrecer a los que escuchan.

A medida que te sientes más cómodo contigo mismo, ves que el trauma que sufriste no te destruyó. Hizo pedazos tu protección y abrió una conexión con algún otro mundo, con toda la humanidad. No has perdido tu capacidad infantil de maravillarte. Te ha acompañado siempre, y ahora eres lo bastante sabio como para vivir en paz en ambos mundos. Con alegría y sabiduría.

Eres capaz de sentir el dolor de los demás y, por consiguiente, de establecer reacciones mucho más profundas y significativas. Comprendes que lo que tienes es especial y que no puede ser compartido con nadie. Hallas la paz escuchando los rincones más silenciosos del mundo. No te importa pasar tiempo solo, porque se trata simplemente de un tiempo en otro mundo.

Esto es lo más importante que deben recordar quienes han sobrevivido a un trauma: no tienes nada de malo. Eres bello. Estabas metido en una situación imposible y sobreviviste. Te arrebataron la inocencia sin tu permiso. Fuiste violado. Pero en esa violación recobraste algo que a la mayoría de la gente le lleva toda una vida encontrar.

Puede que tu camino sea doloroso, pero también es especial. El universo tiene otros planes para ti. Recuerda que hay otras personas que tienen permanentemente prohibido cualquier acceso al mundo espiritual. Allí no hay lugar para los psicópatas, y es por eso que odian a los seres empáticos.

Eres un molesto recordatorio de algo que nunca hallarán. Morirán aquí, en el mundo material, sin conexión alguna con ese gran universo.

A veces creo que el mundo espiritual se filtra en éste. Es algo que puedes sentir. Una abrumadora tristeza, cuando esa tristeza no es la tuya. Alegría por un amigo, cuando esa alegría no es la tuya. Una extraña «coincidencia», cuando dos personas están pensando la una en la otra. Incluso a través de este libro, creo que todos estamos conectados.

Así pues, imagínate ahora esos dos mundos fusionándose. Un lugar donde los sentimientos y la compasión son aparentes y se manifiestan para que todo el mundo pueda verlos. Donde nuestros espíritus se elevan como pájaros, cantando alegres canciones. Podemos ver el dolor de los demás: espinosas enredaderas en torno a un alma atormentada. Las luces parpadeantes en el espíritu de una víctima. Pero también podemos ver la alegría de los demás: colores y luces brillantes que emanan de nuestros corazones.

Éste sería un mundo increíble para nosotros, pero no para los psicópatas. Porque si los dos mundos se fusionaran, se trataría de un mundo de empatía donde no podrían existir los psicópatas.

Así pues, trabajemos juntos para acercar esos dos mundos. Para ahuyentar las tinieblas y enseñar a todos los seres humanos empáticos que son bellos. No te avergüences nunca de tu abuso o de tu pasado. Estás aquí por alguna razón, y esto es sólo el comienzo.

La pérdida de la inocencia

Síntomas: una profunda tristeza, duelo, soledad, aceptación, una perspectiva diferente del mundo, esperanza, sabiduría accidental.

Hay una diferencia entre la tristeza y la depresión. La depresión es inútil, aterradora y soporífera. Pero la tristeza es hermosa; es ese delicado momento en el que tu espíritu se prepara para un nuevo comienzo.

Cuando empiezas a sentir verdadera tristeza, es señal de que estás alcanzando la luz al final del túnel. En lugar de un devastador vacío y unos perturbadores impulsos, tu corazón está preparado para llevar a cabo una última transición. Has terminado el duelo por la pérdida de tu alma gemela y por fin estás listo para llorar por ti. De repente, pasas de un perpetuo estado en el que sólo piensas en otra persona a pensar en lo que *tú* perdiste durante esa experiencia.

Y la mayoría de los supervivientes creen que han perdido mucho: amistades, dinero, oportunidades profesionales, autoestima, salud y dignidad. Afortunadamente, todas estas pérdidas pueden revertirse. Te das cuenta de que a medida que recuperas tus raíces, todas estas cosas vuelven a ocupar su sitio. Algunas de ellas incluso mejorarán, sobre todo las amistades y las relaciones.

Pero hay algo que nunca podrás recuperar: tu inocencia. Recuerda que la inocencia no tiene nada que ver con la ignorancia o la ingenuidad. Es simplemente la bienintencionada creencia de que todos los seres humanos tienen algo bueno en ellos: la confianza y el amor que le diste incondicionalmente a otra persona. Eso es la inocencia.

A partir de ahora, nunca volverás a ver el mundo de esa manera.

No quiero decir que ahora estés hipervigilante y harto. Sólo quiero decir que vas a ver el mundo y a la gente que te rodea bajo una luz más realista. En lugar de proyectar automáticamente tu bondad en los demás, dejas que sean sus actos los que hablen por sí mismos. Como puedes ver, no se trata de nada malo. Sólo resulta triste al principio, porque nunca sabes que estás perdiendo la inocencia hasta que ha desaparecido de verdad.

Muchos supervivientes se dan cuenta de que no supieron cómo expresar su tristeza o su ira durante la mayor parte de su vida. La gente que estaba a su alrededor sólo esperaba de ellos que fueran unos entusiastas sirvientes. Y así fue como desarrollaron esa obstinada luz en sus corazones que siempre intentaba ver lo mejor de todas las cosas por mucho que todas las evidencias apuntaran en sentido contrario.

Sin embargo, te darás cuenta de que el psicópata es alguien que tu corazón nunca podría iluminar. Y lo intentarás. Esto es la disonancia cognitiva. Durante meses basculaste entre las fases de idealización y devaluación, intentando comprender cuál de ellas era real. Razonaste que, evidentemente, el psicópata te quería, porque eso era lo que te decía. Pero luego te fijaste en sus actos, que no reflejaban en absoluto sus palabras. Sabes por intuición que el amor no consiste en insultar, criticar, engañar y mentir. El amor no despierta en ti tendencias suicidas. El amor no se burla de ti por haber herido tus sentimientos.

Y así, cuanto más piensas en ello, más enfadado y más deprimido estás. Tu luz interior empezó a desvanecerse cuando esa persona consumió cada uno de tus pensamientos. Como esa luz no podía cambiar su comportamiento, empezó a absorberlo, y se fue haciendo cada día más tenue.

Con el paso del tiempo, sentiste mucha rabia y un vacío que jamás habías sentido antes. Durante la mayor parte del proceso, es probable que ni siquiera supieras cómo expresar esos sentimientos, de modo que, por fuera, seguías siendo esa persona feliz que todo el mundo esperaba y necesitaba. No querías importunar a nadie con tus emociones, pero, en el fondo, algo estaba cambiando. La luz se había casi apagado del todo, y de repente te sentiste muy resentido e irritado con muchas personas, personas que creías que eran tus amigos.

Después de cada interacción volvías a casa y dedicabas horas a reflexionar sobre lo que acababa de ocurrir. ¿Quién era esa persona? No eras tú. En realidad no creías las cosas que decías, y sin duda alguna no sentías ningún respeto por los chismes y los insultos que el psicópata tanto adoraba. De repente, tu luz ya no lo justifica como una broma. Acabas de chocar contra la fría realidad de que tú mismo te has rodeado de gente muy desagradable.

Eres como una batería agotada que aún espera poder impulsar un cohete. Tu energía está agotada. Quieres amar a todo el mundo automáticamente, como solías hacer antes, pero no puedes. El desdén y la superficialidad te frustran, mientras que antes eso no ocurría.

Durante mucho tiempo es probable que recordaras al psicópata con cariño no porque fuera una buena persona, sino a causa de tu luz. Fuiste recompensado cada día por negar el mal y alabar la mediocridad. Ahora asocias esa relación con tu luz, pero eso no significa que esa pareja te hiciera feliz. Significa que tu inocencia te hacía feliz, porque te estaba protegiendo tu buen corazón.

La capacidad de distinguir entre tu inocencia y la verdadera felicidad es esencial para tu proceso de curación. Sólo porque en un momento te sintieras eufórico con el psicópata y con amigos que te insultaban con frecuencia no significa que la vida fuera genial en ese momento. Del mismo modo, sólo porque ahora sientas tristeza no significa que tu vida sea mala. Por el contrario, las cosas brillan más que nunca. Sólo estás luchando para disfrutar del mundo sin tu luz.

Pero no tienes que hacerlo. Tu luz nunca te abandonó…, sólo se desvanecía. Sí, en este momento es un poco tímida. Pero a medida que empieces a desarrollar tu autoestima y tus límites, la luz empezará a parpadear otra vez. Y mientras exploras tu amor y tu espiritualidad, la luz volverá más intensa que nunca.

Muchos supervivientes desean regresar a una época en la que la vida era «normal» y «feliz», pero ¿cuánto de eso fue alguna vez real? ¿Qué parte de ese tiempo dedicaste desesperadamente a convertir lo negativo en positivo? ¿Qué parte era una proyección, mientras otras personas lanzaban su veneno sobre ti? Cuando tu luz se desvanece, sobre todo después de un trauma como éste, resulta mucho más difícil seguir proyectando bondad en los demás.

Así pues, creo que realmente no echas de menos tu pasado; lo que echas de menos es la luz que asociabas a él.

Algo que he percibido en todos los miembros de PsychopathFree.com es que ninguno de ellos quiere experimentar esta oscuridad. Ni uno solo. No quieren ser víctimas. Quieren recuperar su felicidad y su alegría. Sienten verdadera rabia por estar enfadados. Han practicado el perdón a lo largo de toda su vida sólo para enfrentarse a la más imperdonable experiencia con un psicópata. ¿Por qué? ¿Qué sentido tiene? ¿Por qué tenían que destruir de esa manera su identidad, dejándolos increíblemente rotos y exhaustos?

Con el tiempo, encontrarás tus propias respuestas a estas preguntas. Tu inocencia fue un hermoso regalo, pero lo paradójico es que nunca supiste que la tenías. Es por eso por lo que tenías tendencia a dedicar tanto amor y afecto a otros seres humanos. Porque aún no habías sentido ese amor por ti mismo. A lo largo del proceso de curación, das ese salto final. Por muy molesto que sea, recuperas la autoestima y empiezas a establecer unos límites sanos. En lugar de tratar de encajar con los demás, te preguntas por qué la gente no se comporta más como tú lo haces. Como alguien empático, compasivo, cariñoso, abierto, creativo, de trato fácil, responsable, cariñoso… Las almas buenas que recorren este mundo y sólo siembran amabilidad.

Cuando tu luz se ha apagado, ya no puedes seguir usándola para reparar todas las cosas rotas que te rodean. Así pues, para sustituirla, empiezas a rodearte de gente que comparte y aprecia de verdad tus cualidades más maravillosas. Y no puedes descubrir toda esta magia hasta que has perdido la inocencia, dándote la oportunidad de ver el mundo como realmente es…, como tú eres realmente.

Este viaje trata sobre ti, siempre ha tratado sobre ti. En cuanto descubras esto, por fin estarás listo para volar libre.

LIBERTAD

· ·

Puedes liberar tu espíritu con la misma imaginación que en otro momento usaste para encarcelarlo. Sabiendo esto, asumirás la plena responsabilidad de la persona en que estás a punto de convertirte.

MIRAR HACIA ATRÁS, AVANZAR

Una vez que hayas desconectado tu espíritu total y verdaderamente del psicópata, podrás reflexionar sobre la experiencia desde un punto de vista menos emocional. Empezarás a comprender que no te estás perdiendo nada; en realidad, tuviste suerte.

Sé que al principio no parece así. Siempre se tiene la sensación de que el psicópata ha ganado, porque ésa es la imagen que da ante la gente. Los psicópatas siempre parecen los ganadores porque se las apañan para abusar de sus víctimas y sustituirlas con una gran sonrisa en su rostro mientras parecen inocentes y alegres ante todos. Mientras tú estás tocando fondo, ellos dan la sensación de ser más felices que nunca con su nueva vida. Pero todo esto no es más que una ilusión: es un triunfo manufacturado para impresionar a los demás y suscitar sentimientos negativos en sus antiguas víctimas. Éste no es el comportamiento de un ganador. Es el comportamiento de un perdedor que trata de convencerse desesperadamente a sí mismo y a los demás de que es superior. Un psicópata es incapaz de sentir las emociones más maravillosas del ser humano: amor, confianza y compasión. Evidentemente, llevaron a cabo su último engaño con gran éxito, pero sólo porque una persona consiga lo que se propone no se convierte en un ganador.

Así pues, el psicópata salió a pasear al atardecer con otra pareja, pero tú has olvidado algo muy importante. ¿Cómo puede un ser humano pasar de ser un abusador a mantener una nueva, repentina y perfecta relación con otra persona? No puede. Desde un punto de vista emocional y lógico, es imposible.

Quizás desees que rompa con su nueva víctima, sólo como una confirmación. Pero no habrá ninguna diferencia. El psicópata repetirá su ciclo hasta el día en que muera o se tranquilice junto a un nuevo objetivo. No necesitas quedarte quieto y vigilar. Pase lo que pase, él mantendrá la superficial ilusión del éxito y la felicidad. Nunca obtendrás ninguna satisfacción con su caída; sólo comprenderás que toda su vida es un fracaso, una farsa.

La anomalía

Anomalía (sustantivo): algo que se desvía de lo que es normativo, normal o esperado.

Durante y después de un encuentro con un psicópata, es probable que te comportes de un modo que jamás habrías imaginado: puede que ataques verbalmente a la gente, supliques, seas vengativo, escribas cartas desagradables, te disculpes profusamente, te culpes a ti mismo y a los demás…, algo muy alejado de tus habituales ganas de divertirte y de tu actitud tolerante. Quizás te avergüences de este comportamiento, pero ya es hora de no pensar en eso. Cualquier ser humano emocionalmente sano reaccionará de una forma muy intensa ante un abuso emocional. El hecho de que te avergüences de ello significa que tienes conciencia.

Durante la idealización, fuiste engañado en medio de una frenética excitación. Durante el abuso, hacías lo que podías para aferrarte a ese sueño manufacturado. Durante el silencio, tratabas de averiguar frenéticamente qué habías hecho mal (¿sabías que el silencio activa en el cerebro los mismos receptores que el dolor físico?). Y, después de eso, viste a tu abusador huyendo felizmente con otra persona como si jamás hubieras existido.

¿Cómo se supone que el corazón de una persona es capaz de soportar todo eso?

La respuesta es que no puede hacerlo. Es por eso por lo que toda tu personalidad parecía transformarse en la de alguien a quien apenas reconocías. Tus respuestas emocionales implosionaban, todas ellas en un intento muy humano de contestar a una experiencia totalmente inhumana. Y ahora conservas muchos recuerdos vergonzosos y preocupaciones con respecto a tu bondad.

Pero ¿consideraste normal alguno de esos comportamientos?

Como soy una persona visual, elaboré esta tabla para ilustrar lo que estoy intentando explicar:

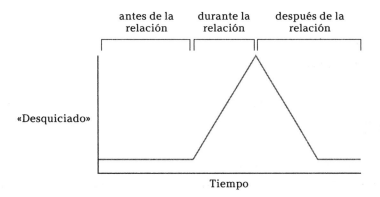

Antes de que esa persona entrara en tu vida, nunca te habías comportado así. Después de que esa persona saliera de tu vida, nunca te has comportado así. Así pues, ¿qué te dice eso?

Suponiendo que haya un promedio humano de desquicio y, además, algún delirio esperable durante el período de recuperación, el pico de la tabla sigue resultando anormalmente alto (hablando en términos científicos, se entiende). Si se tiene en cuenta que este pico nunca existió en cualquiera de tus otras relaciones, de pronto tenemos algunas pruebas muy convincentes que sugieren que esta «locura» podría ser en realidad una anomalía.

Esta anomalía fue algo situacional, específica de esta extraña y extremadamente dolorosa experiencia. Durante las etapas de recuperación, se tarda bastante tiempo en que las cosas recobren un sano —probablemente más sano— equilibrio, pero la cuestión es que el proceso sólo empieza cuando has dejado de contactar con esa persona, pero nunca antes. Así pues, ¿qué dice realmente esto acerca de la influencia del psicópata sobre ti? ¿Fue positiva o negativa? Si piensas en tu Constante, ¿has tenido alguna vez estos extraños picos con ella?

Debes tener en cuenta que, ahora, es probable que tu cerebro te engañe. Piensas: «Bueno, la razón de que reaccionara así se debe a que fue el amor más intenso de mi vida» o «La razón por la que estoy tan deprimido es que acabo de perder lo mejor que me ha pasado nunca».

Por eso la recuperación es tan importante. Es el momento de que descubramos que estos sentimientos no son ni sanos ni naturales. Enamorarse es una experiencia muy intensa, pero se supone que no debe suscitar sentimientos de desesperación, ansiedad y miedo. Del mismo modo, aunque las rupturas casi siempre serán dolorosas, se supone que no te convierten en una réplica irreconocible de tu antiguo yo.

Al psicópata le encantaría que creyeras que la relación era perfectamente sana, pero que te enamoraste demasiado y demasiado deprisa. En realidad, se mofa de la idea de que alguien deba «recuperarse» después de estar con él, porque no siente cosas como la angustia o la devastación. Así pues, la próxima vez que tus amigos, tu familia o tu expareja te hagan sentir culpable por el tiempo que tardas en curarte, recuerda que tu camino hacia la recuperación también es una anomalía. Puede exigirte todo el tiempo y la energía que necesites para sentirte mejor, porque te estás recuperando de una experiencia que se desvió muchísimo de la norma.

Así pues, dondequiera que te encuentres ahora, ya sea en medio de una relación abusiva, del vacío tras la ruptura o avergonzado de tu comportamiento anormal, perdónate a ti mismo. Si has sido paciente y amable con los demás durante toda tu vida, no empieces a cuestionarte ahora tu sentido del yo sólo por lo que te provocó esa relación. Recuerda esos momentos, acepta que eran algo inusual y sé bueno contigo mismo.

Has asumido la responsabilidad de tu anomalía. Un psicópata nunca asumirá la responsabilidad de la forma en que se comporta *todos los días*.

Una carta al siguiente objetivo

En casi todas las relaciones tóxicas hay otro personaje: el sustituto. Al principio, esta persona es la principal fuente de contención y odio en tu proceso de recuperación. Se supone que es el «rompehogares». Es feliz con tu alma gemela y se jacta de ello en Facebook mientras tú eres el desquiciado y celoso ex. Esta persona te robó tu sueño.

Sin embargo, con el tiempo, te acabas dando cuenta de que fue esta persona quien te salvó la vida.

Lo que sigue es una carta para cada «siguiente objetivo». No te estoy sugiriendo que la mandes a cualquiera. Eso no conseguiría nada y sólo serviría para herirte de nuevo. Pero todos queremos llegar al punto en que seamos capaces de escribir esta carta, y me temo que, retrospectivamente, todos desearíamos que fuera una carta que hubiéramos enviado.

Querido/a_____:

No puedo contactar contigo directamente, porque eso sólo me llevaría de vuelta a un mundo de locura que no deseo visitar de nuevo. Pero espero que puedas leer esta carta y aprendas que toda historia tiene dos versiones. Una ya te la han contado. Ésta es la otra.

Te odié. Te vi salir corriendo con el amor de mi vida, mostrando feliz y descaradamente a los demás lo que habías hecho. Tardé semanas en darme cuenta de que la infidelidad había empezado mucho antes de que acabara nuestra relación. Tardé meses en darme cuenta de que mi dolor y mis lágrimas fueron utilizados como un dispositivo para fabricar tu compasión. Y ahora tardaré años en recuperarme de la inseguridad que produce el hecho de ser triangulado con otra persona.

Pero ya no te odio. Ahora temo por ti.

Aunque tenemos personalidades, cuerpos y espíritus distintos, no somos diferentes cuando hablamos de esta relación.

¿Sabes? Yo también subí a las alturas en las que tú te encuentras ahora. Fui esa persona especial. La pareja más bella, perfecta y maravillosa del mundo. Lo salvé del dolor que le había infligido su último y desquiciado ex. Me compadecí de él por la forma horrible en que lo habían tratado. Me sentía eufórico por ser el que por fin lo hacía feliz después de todo su presunto sufrimiento. Sentía fascinación por mí. Se pasaba el día mandándome mensajes de texto y colmándome de atenciones.

¿Te suena todo esto?

Uno debe preguntarse cómo es posible que, en un lapso de tiempo tan corto, yo acabara siendo un desquiciado, bipolar, celoso, dependiente, abusivo. ¿Cómo pudo ocurrir? ¿Es realmente posible que una persona pase de ser perfecto a ser horrible en un abrir y cerrar de ojos? Y, lo que es más, ¿es realmente posible que su último ex también fuera todas estas cosas? ¿Y qué hay del ex anterior a todo esto?

El denominador común se ha vuelto sorprendentemente claro.

Durante mucho tiempo me castigué a mí mismo. Creía realmente que me merecía el dolor que sentía. Debo tener algo malo, pensé, para que saliera corriendo junto a otra persona.

Pero entonces me di cuenta de que en una ocasión fui esa persona. Yo era tú.

Y debido a esto, comprendo que no puedo ahorrarte esta pesadilla. Las víctimas de los psicópatas no pueden escapar una vez han sido seducidos. Durante el resto de tu relación, negarás la realidad e inventarás razones que te conviertan en la excepción. Te mentirás a ti mismo, tratando desesperadamente de recrear tu sueño perfecto. Él empujará tus límites hasta que ni siquiera sepas quién eres.

Otra persona entrará en escena. Es algo inevitable en las relaciones con depredadores narcisistas. Te engañará durante todo el tiempo que pueda, como hizo conmigo. Tus reacciones, cada vez más volátiles, serán utilizadas contra ti para suscitar la compasión del siguiente objetivo.

Y, al final, tú serás yo.

Por eso temo por ti. No le deseo a nadie el dolor y el sufrimiento que he padecido. Sé que tus intenciones no eran malintencionadas. Sé que te servían en bandeja las mismas mentiras que yo creí hace mucho tiempo.

La historia que te han contado es falsa. Era una estratagema de compasión pensada para realzar tu cuento de hadas y consumir tu corazón. Ahora no creerás todo esto, pero, algún día, está carta tendrá sentido para ti. Un sentido brutal y desgarrador.

Sólo espero que esta carta guíe las secuelas de tu abuso. Sólo espero que pueda proporcionarte las herramientas que a mí nunca me dieron. Una pieza del rompecabezas para emprender tu viaje.

No te odio. Eso es lo que él querría.

No continuaré su legado participando en esta triangulación, inyectando celos y odio para llenar el vacío de su alma.

He cruzado al otro lado, y sé que tú también puedes hacerlo. Por favor, ten la misma empatía con la persona que te sustituya. Sólo podemos detener este ciclo de abuso con compasión por el otro, reconociendo que todos los seres humanos merecen ser tratados con respeto, bondad y honestidad.

Te deseo amor, esperanza y, por encima de todo, libertad.

Introspección
e inseguridades

Fuiste manipulado, insultado, degradado, menospreciado y abandonado. Toda la responsabilidad de esto es del psicópata. Da igual que fueras vulnerable o inseguro: ningún ser humano decente debería aprovecharse nunca de otro. Nada de lo ocurrido fue culpa tuya.

A estas alturas es posible que te hayas documentado sobre la conducta psicopática, que hayas aprendido a leer las señales de alarma y confirmado tu experiencia. Deberías estar indignado por el comportamiento del psicópata y no tener ningún deseo de volver a verlo nunca más. Espero que hayas encontrado una buena pista de aterrizaje tras la experiencia de las etapas del dolor en el camino hacia el perdón a uno mismo, la curación y el amor. Pero puede que aún estés atascado en un lugar lleno de inseguridad en el que no confíes en tu juicio, pensando que estuviste lo bastante ciego como para enamorarte de un psicópata y preocupado porque no puedes confiar en ti mismo para tomar buenas decisiones de ahora en adelante. Espero que hayas contactado con un terapeuta o con un grupo de apoyo y que hayas encontrado la ayuda necesaria para recuperarte del trauma que has sufrido; así, caminarás con paso seguro mientras avanzas por una vida libre de psicópatas.

No obstante, por más esencial que sea el apoyo, llega un momento en que necesitas empezar a confiar de nuevo en ti mismo. Este libro y el foro de Psycopath Free no son muletas; son escalones. Tarde o temprano, todos los supervivientes deben aprender a tomar sus propias decisiones sin recurrir a las opiniones de quienes los rodean. En la vida, las mejores decisiones sólo pueden tomarse desde dentro, y tú sabrás cuándo las estás tomando, porque tu intuición y tu autoestima cobrarán impulso. Sin duda alguna, no te hará falta ninguna aprobación externa.

La introspección es una excelente forma de descubrir por qué estás buscando esta aprobación. Las raíces podrían estar en tu infancia, en antiguas amistades, en la relación psicopática o en cualquier combinación de todo eso. A fin de comprender mejor cómo ha llegado a ocurrir todo esto, puedes recordar la relación y analizar la dinámica tóxica que se estableció. En realidad, las técnicas de reflejo del psicópata ofrecen una oportunidad increíble, única en la vida, para echar un vistazo a tus propios demonios.

Espejito, espejito

Ha llegado la hora de empezar a hacerse preguntas. ¿Por qué ocurrió eso? ¿Cuáles son tus puntos débiles? Evidentemente, estos puntos débiles no son culpa tuya, pero es importante comprender cómo pudieron aprovecharse de ti. Esto te ayudará a deconstruir aún más el vínculo con tu ex y a protegerte en el futuro de cualquier abuso emocional.

Esta experiencia trata de cultivar una autoestima sana que viene de dentro y no de cualquier clase de validación externa. Todos tenemos inseguridades y vanidades, aunque no somos conscientes de muchas de ellas. El verdadero autoconocimiento se consigue con la práctica de la introspección y siendo consciente de estos pequeños defectos.

En realidad, esta parte depende de ti, aunque las siguientes son algunas de las razones más habituales que dan los supervivientes de haberse enamorado del psicópata: el físico, el dinero, la carrera, un matrimonio infeliz, necesidad de atenciones, necesidad de ser valorado, miedo a estar solo… Si profundizan, encuentran las inseguridades que estaban en el origen de sus razones: *Su buena apariencia confirmó mi propio atractivo. Estaba preocupado por la estabilidad económica y por mi capacidad para mantenerme a mí mismo. Perseguía el éxito de su carrera para demostrar que yo también tenía éxito. Sus atenciones me hacían sentir atractivo, interesante, válido, etc.*

Ahora, analiza tu relación con el psicópata. Fuera lo que fuera lo que necesitabas, él te lo confirmaba y te lo proporcionaba. Presta especial atención a los detalles de sus excesivos cumplidos. Eso es lo que tú querías que te confirmaran.

Así pues, ¿cuáles son tus inseguridades? Coge una hoja de papel y haz una lista. Esto te salvará la vida a partir de ahora. Una vez seas consciente de estos rasgos, también serás consciente de la gente que intenta manipularlos. Y mejor aún: puedes empezar a cambiar cosas para ser mejor y mejorar también tu vida. Por ejemplo: ¿por qué necesitas que alguien te diga que eres atractivo para sentir que lo eres de verdad?

AMOR COBARDE

Los psicópatas no sólo te colman de elogios y cumplidos, sino que te preparan para corresponderlos. Al principio mandan mensajes de texto constantemente y quieren saber qué estás haciendo en cada momento. Si no respondes en seguida, te seguirán mandando mensajes con más cumplidos. De entrada, parece que realmente te necesitan, como si fueras la solución a todas sus supuestas inseguridades y ex desquiciados. Tú acabas confiando en este diálogo como una fuente de felicidad y autoestima. Y ahí es cuando empiezan a dar marcha atrás. De repente, en cuanto has mordido el anzuelo, pensarás que están un poco aburridos y molestos por tus intentos de continuar con la dinámica que crearon. Esto te lleva a sentirte necesitado, asfixiado y desquiciado. Tu entusiasmo por encontrar el amor ideal se transforma rápidamente en un miedo constante a perderlo. Así es cómo los cobardes fabrican el «amor» en los demás. Puesto que son incapaces de inspirar amor verdadero, aprenden a una edad muy temprana a engendrar desesperación y deseo.

Aquellos que hayan derrotado a sus demonios no le servirán de nada a un psicópata. No serás receptivo a la seducción del psicópata si no necesitas una confirmación; simplemente disfrutarás de un cumplido de vez en cuando. El psicópata no se alimenta de la bondad cotidiana, sino de necesidades insalubres. Con el tiempo, descubrirás que te sientes cada vez menos atraído por la gente que te alaba y te agasaja con exceso.

Ten en cuenta que hay otra clase de puntos débiles: los buenos. Tus sueños –fantasías sexuales, objetivos en la vida, empeños románticos o quizás formar una familia– son puntos débiles hermosos y buenos que te hacen humano. No dejes que la experiencia con un psicópata cambie estas cosas. Además de la lista de puntos débiles, haz otra lista con tus sueños. Nunca debes confundir tus pasiones con tus defectos. Y, del mismo modo, tu naturaleza empática no es ninguna debilidad, aunque sin duda alguna el psicópata hizo que te lo cuestionaras.

Compasión por el diablo

Adorable. Encantador. Amable. Oirás a menudo estos adjetivos para describir a un psicópata. Todo forma parte de su plan. Seguramente nunca te hayas sentido atraído por la arrogancia, la brusquedad o el exceso de confianza, pero sí te atrae una pareja inocente y compasiva, la que te dice que le haces más feliz que nadie. Pero entonces, algo cambia. En lugar de ser la persona que le hace feliz, le necesitas desesperadamente para ser feliz tú. Es un patrón extraño para la mayoría de los supervivientes: pasar de «prestar atención al psicópata» a «necesitar su atención» en un abrir y cerrar de ojos. ¿Cómo se produce esta transición? ¿Cómo perdiste la autoestima por alguien que no tenía nada?

Cuando conociste al psicópata es probable que sintieras pena por él. Tenía muchas cosas que despertaban compasión: su ex había abusado de él, estaba inseguro con respecto a su apariencia física, había sido desgraciado hasta que te conoció…

Ahí es donde tu empatía se pone en marcha. Has sido empático toda tu vida: si ves a alguien que se siente inferior, sabes cómo conseguir que se sienta mejor. Quieres curarle. Por eso haces todo lo posible para que se levante.

El psicópata parece adorar sinceramente todos tus esfuerzos. Te compara con su ex, idealizándote por encima de cualquier otra persona. Es como si, finalmente, todas tus energías tuvieran un propósito y fueras valorado por ello.

Al principio, muchos supervivientes afirman no sentirse atraídos por el psicópata. Sin embargo, con el tiempo, empiezas a verlo como la persona más guapa del mundo. Ni siquiera eres capaz de pensar en nadie más sexualmente. ¿Cómo ocurrió esto? Al invertir todo tu capital empático en curar sus supuestas inseguridades, llegas a un punto en que empiezas a creer de verdad en tu bondad y tu compasión. Le dijiste lo inteligente, divertido, exitoso y atractivo que era, y empezaste a creerte lo que decías.

También te obsesiona demostrar tu lealtad, porque crees que el problema es su inseguridad. De modo que te abres a él y le dices lo mucho que le necesitas. Si eres lo bastante vulnerable, probablemente aprenderá a superar su complejo de inferioridad.

Pero ése no es el problema, y nunca lo fue.

Ahora sabes que pasaste todo ese tiempo persiguiendo una ilusión fabricada: tenías la sensación de que él pensaba que tenía suerte de estar contigo. Es probable que no te gustara esa dinámica de poder, por lo que reforzaste la confianza de tu pareja para que se sintiera mejor. Y así fue como te atrapó: con compasión. Si lo percibes como alguien infantil, tu instinto natural se pone en funcionamiento y haces todo lo posible para demostrar lo mucho que te importa. Probablemente ésta es la forma en que has tratado a la gente a lo largo de tu vida: cuando los demás no tienen confianza en sí mismos, tú tratas de proporcionársela.

Al igual que un psicópata, es probable que tengas inseguridades. La diferencia estriba en que tú abordas esas inseguridades. Los psicópatas las consideran un medio para manipular y controlar. En cambio, las personas empáticas tratan de superar las inseguridades con amor y compasión. Por este motivo, muchos supervivientes se ven rodeados de personas negativas después de la ruptura, porque durante mucho tiempo es probable que recuperaran su autoestima haciendo feliz a gente desdichada.

Así pues, cuando apareció el psicópata, estabas dispuesto a hacer lo que fuera necesario para contribuir a su felicidad. Alababas constantemente su aspecto físico, no te importaba pagar la cuenta, te reías de sus chistes aun cuando no tuvieran gracia… Y, a cambio, fuiste recompensado con una abrumadora gratitud que dio sentido a tu vida. Tu autoestima estaba muy alta porque la alimentaban.

Sin embargo, de pronto, en medio de este torbellino, cambiaron las tornas. Fue algo rápido. En lugar de tranquilizar compasivamente a ese pobre chico o chica, empezaste a buscar desesperadamente *su* aprobación. Empezó a dejar claro que en realidad no necesitaba toda esa atención. De hecho, le parecía muy molesta. Cuando le hacías un cumplido, te dedicaba una risa arrogante o un hipócrita «tú también, cariño». Era como si te hubieses convertido en el novato de la relación y él fuera el que a partir de ese momento tomara las riendas.

Además, se aseguró de que supieras que estaba recibiendo atenciones procedentes de otras fuentes. Después de todo, tu singular capacidad para hacerle feliz no era tan singular. Esta triangulación era una tortura pura y dura.

El psicópata empleó el silencio contigo para castigarte y burlarse de tu compasión, hasta entonces tan necesaria. Empezaste a sentirte estúpido, poco atractivo, dependiente e inútil. Tu solución fue seguir sacrificándote para dar espacio a sus «sentimientos». Dejaste de quejarte de las mentiras y la triangulación porque te dijo de forma muy clara que esas conversaciones eran inaceptables.

¿Te das cuenta de lo que ocurrió? Se aseguró de que la pelota estuviera en tu tejado. Y lo que da miedo es que, a pesar de lo que tú creías, la pelota nunca estuvo en tu tejado. Lo único que hizo fue hacerte creer que sí lo estaba. Al darte esa falsa sensación de confianza en ti mismo y de importancia, te abriste en seguida. Por eso confiaste rápidamente en el psicópata y le permitiste entrar en tu vida sin cuestionártelo.

Es también por esto por lo que el gran final fue más terrible que cualquier otra cosa que hubieras experimentado antes. Acabó definitivamente con tu autoestima. Lo invertiste todo en él, dándole, de este modo, el poder para quitártelo. Nunca admitiste el juego al que estaba jugando, porque estabas demasiado ocupado complaciendo al personaje infantil que se había inventado. Después de todo, ¿cómo es posible que un niño fuera capaz de conspirar para manipular y dominar? Y luego dice «jaque mate» cuando tú pensabas que estabais jugando a las damas.

Lo más duro es que no sólo te habías convertido en un adicto a los cumplidos y las atenciones que te dedicaba. En realidad eras más adicto a su gratitud por todo lo que le habías dado, porque esa gratitud te proporcionó autoestima. Sin su gratitud, te sientes vacío, y por este motivo la recuperación de una ruptura psicopática es tan larga. No estás superando sólo un aventura romántica; estás reconstruyendo tu autoestima desde cero.

Ésta también es la razón de que te vuelvas tan sensible a las reacciones de tus futuras parejas. Mientras no completes el proceso de recuperación, estarás dando tumbos hasta que encuentres un sustituto que te ofrezca la aprobación que perdiste, algo que vuelva a dar sentido a tu vida.

Pero en esta fase también hay buenas noticias, y son más importantes que todo lo demás. En cuanto empiezas a recuperarte, tu vida cambia para siempre. Empiezas a encontrar una abrumadora autoestima en tus propios valores, tu comportamiento y tu corazón. ¿Te acuerdas de las personas negativas que he mencionado anteriormente? De forma lenta pero segura, empiezan a desaparecer del cuadro. Al principio te cuestionas a ti mismo y recuerdas lo «feliz» que eras con ellas. Sin embargo, al redefinir tu autoestima te das cuenta de que fuiste *tú* quien creaste esa felicidad. Igual que en tu relación con el psicópata, creías que esas personas necesitaban tu felicidad. Bueno, eso ha dejado de ser tu responsabilidad. Tienes mejores cosas de las que ocuparte en tu viaje.

¿Qué personalidad tienes?

¿Te has preguntado en alguna ocasión por qué odias los conflictos y las críticas mientras que otras personas parecen no tener ningún problema con eso? ¿Te preguntas por qué disfrutas de momentos a solas mientras que otras personas no son capaces de soportarlos? ¿Te sientes a veces solo e incomprendido porque nadie más ve el mundo como tú lo ves?

En los foros, uno de nuestros hilos más populares es el del test de personalidad de Myers-Briggs. Si nunca lo has hecho, ¡debes hacerlo ya! Entra en Personalities.PsychopathFree.com para echar un vistazo al cuestionario rápido, infórmate sobre cada tipo de personalidad y comprueba los resultados de otros supervivientes. Básicamente es un indicador que analiza cómo tomas decisiones y percibes el mundo, y que te sitúa en uno de los dieciséis tipos de personalidad.

Evidentemente, aunque cada ser humano es único y no encajará a la perfección en un grupo con otros millones de personas, para muchos supervivientes el test ha resultado muy útil para comprender su personalidad. Cada tipo de personalidad se compone de cuatro letras, cada una de las cuales pertenece a una categoría con cuatro personalidades:

1. I (Introvertido) / E (Extrovertido)
2. S (Sensitivo) / N (iNtuitivo)
3. T (Reflexivo [*Thinking*]) / F (Emocional [*Feeling*])
4. P (Perceptivo) / J (Calificador [*Judging*])

Mi tipo es INFP −los Idealistas−, y cuando hice este test, descubrí un montón de cosas importantes sobre mí.

En primer lugar, a los introvertidos se les permite ser introvertidos. Me pasé gran parte de mi vida intentando rodearme de tantos amigos como fuera posible para demostrar que lo estaba pasando bien, aunque, en el fondo, lo que quería, en general, era estar solo a orillas del río contemplando el atardecer y pensando. Bueno, ¡ahora ya no es ningún secreto! Soy libre para disfrutar de mi tiempo a solas sin sentir que hay algo malo en mí.

La siguiente parte (iNtuitivo frente a Sensitivo) significa simplemente que soy más propenso a tener una visión de conjunto de las cosas. No me importan mucho los detalles, por si no lo habías deducido de mi «investigación» a lo largo de este libro. Me interesa mucho más el mundo en general: cómo interactuamos los seres humanos entre nosotros a un nivel más amplio y cómo podemos describir esos sentimientos de una forma que los demás puedan entender.

La F (Emocional frente a Reflexivo) no fue exactamente una gran sorpresa. Paseo por la ciudad sin rumbo fijo llorando mientras escucho una pieza de música clásica triste, lo cual, probablemente, les resulte muy extraño al resto de transeúntes.

La última letra (Perceptivo frente a Calificador) significa que no suelen gustarme los plazos, lo estructurado o tener un fin de semana con muchos planes. También significa que encajaría con alguien que recordase hacer cosas como pagar las facturas o apagar el fogón, como aquella ocasión en que me distraje mirando fotos de gatos y casi quemo mi apartamento.

Así pues, después de juntar todas las piezas, ¿qué has obtenido? ¡Un caso perdido! No, espera un momento, quería decir... ¡un Idealista! Sí, eso suena mucho mejor.

A medida que iba aprendiendo más cosas sobre mi tipo de personalidad, también descubrí algunos importantes desafíos. En primer lugar, los INFP tenemos altibajos emocionales de vez en cuando en los que, de repente, todos nuestros malos recuerdos vuelven y te hacen sentir como si nunca fueras a ser feliz otra vez. Raramente comparto esos altibajos con los demás; lo que hago es enfrentarme solo a esos sentimientos. Después de un paseo bajo el sol o de una noche durmiendo a pierna suelta, me doy cuenta de que esos sentimientos han desaparecido y la vida vuelve a ser maravillosa. Aprender a enfrentarse a estos momentos oscuros ha sido una parte clave de mi recuperación y mi crecimiento. ¡Y aún sigo trabajando en ello!

Más cosas: en general, los INFP somos de trato fácil, a menos que hayan violado alguno de nuestros principales valores, que defendemos de forma inusitadamente rígida. Así pues, en lugar de convertirme en un cabeza de chorlito, he descubierto que prefiero pasar tiempo con personas que no violen mis principios. Lo que nunca hago es ser duro o rígido de un modo del que sé que más adelante me arrepentiré.

Me estoy burlando de mí mismo, pero ésa es la cuestión. Cuando aprendemos cosas sobre nosotros mismos podemos ser más equilibrados y tomarnos nuestros defectos un poco más a la ligera en lugar de permitirles ciegamente que manden sobre nuestra vida. Eso hace que resulte mucho más sencillo disfrutar de nuestros puntos fuertes.

Y una cosa más: los INFP damos mucha importancia a nuestras relaciones románticas; sentimos mucho amor y lealtad hacia nuestra pareja. A veces, esto significa que idealizamos en otras personas cualidades que en realidad no existen, sobre todo porque queremos amarlo todo en ellos. Cuando comprendí que está bien amarme a mí mismo a pesar de mis defectos, también me resultó mucho más fácil amar a los demás sin que me importaran sus imperfecciones.

Si el análisis de la personalidad te parece entretenido, ¡te recomiendo que hagas el test! Quizás no signifique mucho, pero creo que descubrirás algunas cosas realmente buenas acerca de ti.

Los momentos a solas

Una revelación: me siento aliviado cuando la gente cancela planes que me afectan, por lo que quizás resulte un poco atípico en este aspecto. Pero, aun así, pienso que los momentos que pasamos a solas pueden resultar realmente beneficiosos. Vivimos en un mundo que va muy deprisa y que cambia constantemente, lleno de distracciones puntuales y de estímulos a cada instante. En lugar de dedicar la noche a reflexionar sobre el día, encendemos la televisión o nos conectamos a Internet para atenuar el aburrimiento y relajarnos. Aunque esto tiene sentido tras una jornada agotadora, también nos perdemos muchas oportunidades de superación personal.

Hay muchas cosas que puedes hacer solo: meditar, escribir un diario, pintar, cuidar de un jardín, cocinar, hacer ejercicio, escuchar música…, la lista sería interminable. Cuando nos sentimos más cómodos pasando ratos a solas, aprendemos muchas cosas sobre nosotros mismos. Al principio puede resultar un poco abrumador, sobre todo si tenemos pensamientos negativos. No es muy divertido dedicar tiempo a esos pensamientos.

Sin embargo, ¡eso es lo mágico de pasar tiempo a solas! Controlas al cien por cien tu felicidad. Puedes imaginarte lo que quieras, pasar del mal humor al buen humor. O quizás quieras experimentar por completo tu mal humor, en cuyo caso puedes llorar cuanto quieras sin que nadie pueda juzgarte. Cuando estás solo, no hay nada que te presione para ser alguien que no eres. Durante un tiempo necesité pasar ratos a solas para recordar quién era. Cuando estamos rodeados de gente a todas horas –sobre todo de influencias tóxicas– resulta muy fácil olvidarnos de nosotros mismos. Nos quedamos atrapados en el drama, los chismes y la negatividad.

Esto es especialmente cierto después de la relación con el psicópata. El psicópata se convierte en nuestra vida entera y nos vemos consumidos a diario por discusiones, mentiras, luz de gas y manipulaciones. En lugar de ser quienes somos de verdad, nos transformamos en una extensión del psicópata, tratando constantemente de entendernos a nosotros mismos y de defendernos de su alucinante comportamiento.

Entonces, ¿qué ocurre cuando por fin todo eso ya no forma parte de nuestra vida? Parece que todo tendría que ser maravilloso, pero la mayoría de nosotros sabemos que no es así. Es difícil aflojar el ritmo y relajarse después de habernos acostumbrado a unos niveles tan altos de drama. ¿Cómo vamos a llenar este vacío?

Ésta es la razón de que los momentos a solas sean tan importantes.

Nuestra mente ha estado funcionando a toda máquina durante mucho tiempo; ahora necesita algo de disciplina para dar un paso atrás y recordar lo que significa vivir la vida *sin* todo ese drama. Sin tratar constantemente de obtener la aprobación de otra persona. Sin temer que hayas dado un pequeño paso en falso que podría arruinarlo todo. Sin jugar a los detectives porque el comportamiento de otra persona es sospechoso. Sin el bombardeo de amor y los cumplidos que en otro momento te hacían sentir tan bien.

Cuando estamos solos, no tenemos ninguno de estos factores externos que influyen en nuestra forma de comportarnos. No hay nadie que valide (o invalide) nuestros pensamientos salvo nosotros mismos. Somos nuestro yo puro y duro, auténtico, lo que puede resultar aterrador o revelador según nuestro punto de vista.

En mi caso, fue un poco ambas cosas. Al principio me dio miedo, porque en realidad no me gustaba nada cuando por fin empecé a dar un paso atrás y a considerar mi vida. Había hecho muchas cosas terribles después de la ruptura, y me había engañado diciéndome que todo había sido por una causa noble, para advertir o ayudar a los demás. En realidad, no era sino un obsesivo deseo de venganza. Al cabo de un tiempo, me di cuenta de que no era el comportamiento de mi ex lo que me molestaba, porque raramente pensaba en él. Lo que me molestaba era mi comportamiento posterior a la ruptura, que aún me esforzaba por comprender y aceptar. ¿Cómo me había convertido en ese monstruo? ¿Cómo podría aprender a perdonarme por un comportamiento tan deplorable? Violé mi código ético y de valores, que creo que es la base esencial del carácter de una persona. Me topé con mi lado oscuro, y era horrible. No había que recuperar todo eso. No debía culpar a otros de mis actos.

Justo después de la ruptura, me sentí como si viajara a bordo de un tren descarrilado que no podía controlar. Sin embargo, como con todas las emociones indeseables, sólo es cuestión de enseñarle al cerebro unas nuevas costumbres. Al principio resulta frustrante. Una semana decidía estar tranquilo y dejar de quedar con gente para intentar sustituir al «amor» perdido. Y a la siguiente, de repente, sentía la imperiosa necesidad de salir y de volver a sumirme en ese estado de excitación. Y todo se derrumbaba por culpa de una decisión estúpida.

Pero siempre acabas dando dos pasos adelante y uno hacia atrás.

Finalmente descubrí que, en realidad, prefería esos momentos a solas. La idea de salir me resultaba agotadora. La idea de pasar tiempo con gente negativa me resultaba agotadora. Dejé de sucumbir ante los demás —incluso ante las personas bienintencionadas— y simplemente dejé de hacer cosas que no deseaba hacer. Los circuitos de mi cerebro habían cambiado. Empecé a salir mucho y a pensar sobre las cosas y sobre mí. Siempre había soñado con escribir libros, ¡y eso fue lo que hice! Me había conectado con una serie de emociones totalmente distintas, y el tren descarrilado había desaparecido por completo.

En verano empecé con esa nueva afición de nadar en el río y contemplar la puesta de sol mientras me tomaba un vino blanco con hielo. En lugar de hacerme pensar «¡OH, DIOS MÍO, NECESITO UNA PAREJA!», eso simplemente me hacía feliz. Hasta el día de hoy, después de trabajar, me quedo allí sentado durante horas ideando historias, totalmente asombrado por el hermoso mundo y la gente que me rodea.

Cuando eres la persona más importante que puede decepcionarte o inspirarte a ti mismo, todo se vuelve muy emocionante. Y también más silencioso. Porque resulta mucho más fácil ser una versión silenciosa y genuina de ti que alimentar frenéticamente otra versión ruidosa que en realidad no eres tú. Si acabas intentando demostrar a la gente que una determinada versión de ti eres tú de verdad, entonces es probable que no sea tu versión más auténtica.

Antes me daba miedo pasar tiempo a solas, temía enfrentarme a horribles verdades sobre mí y sobre mi vida. Sin embargo, ahora, en general, estoy en paz conmigo mismo. Evidentemente, aún soy inseguro y estoy despistado y de mal humor, aunque eso ya no es lo que controla mi vida. Son tan sólo pequeños rompecabezas que trato de resolver cuando estoy buceando en el río.

Amor propio

Los psicópatas provocan el caos dondequiera que vayan, aunque al mismo tiempo mantienen una apariencia de total inocencia. Desbaratan la vida de todos sus objetivos, y tras de sí sólo dejan destrucción y confusión. De repente, personas responsables y triunfadoras ven cómo todo su mundo se viene abajo, desde amistades que en otro momento eran estables y afectuosas a la autoestima, pasando por sus carreras profesionales. En cuestión de meses, incluso de semanas, un psicópata destruirá a conciencia toda la armonía y la confianza que te ha llevado toda una vida conseguir. Entra en tu vida, te hechiza para que confíes en él, crea paranoia y pánico, y al final desaparece sin decir ni una palabra, dejándote hecho pedazos. Acabas cuestionándote tu cordura y tu percepción de la realidad. Sin embargo, con el tiempo, acabas llenando esa oscuridad con cualidades que puede que nunca hubieras valorado antes: empatía, compasión, bondad y creatividad. En su empeño por destruir y engañar, el psicópata siempre subestima la fuerza de un soñador. Aunque puede que no seamos despiadados, somos fuertes.

En algún momento te darás cuenta de que en lugar de intentar conseguir la aprobación de los demás, te preguntas por qué la gente no puede parecerse más a ti. ¿Por qué no puede ser de trato más fácil, amable, cariñosa, altruista, complaciente y consciente de sí misma? Esto se llama autoestima. Ésta es tu autoestima, que surge de tu interior. Evidentemente, aún sienta bien hacer feliz a alguien, pero ahora tienes mucho más claro quién merece tu luz. Y esto te traerá alegría durante el resto de tu vida.

También empezarás a descubrir que el psicópata se fijó específicamente en ti debido a estos activos. Pero esto no los convierte en puntos débiles; lo único que te hacía falta era la conciencia de ti mismo y la autoestima para sentirte orgulloso de ellos. Voy a citar a Peru, mi tía putativa: «[A los psicópatas] les fascinan las emociones humanas, y se pasan la vida perfec-

175

cionando sus habilidades para imitar lo "normal". Puesto que las personas empáticas tienen todo el espectro de emociones, para ellos es como una clase magistral. Asimismo, [los psicópatas] pueden absorber de estas personas la fuerza vital de la que carecen. Al ser generosas y confiadas, las personas empáticas se convierten en objetivos perfectos». Y, evidentemente, no hay nada de malo en ser generoso y confiado. El amor propio consiste simplemente en esperar lo mismo de los demás.

Aquí es cuando empiezas a descubrir todos tus puntos fuertes. Muchos de ellos son cualidades que siempre habías poseído pero que jamás habías valorado. Te das cuenta de que tu compasión, tu empatía y tu amor no son flaquezas, sino los dones más increíbles del mundo cuando los diriges a la gente que los merece. Empiezas a comprender quién estás destinado a ser realmente. Tuviste que padecer la crueldad del psicópata para comprender exactamente quién no quieres ser nunca. Te ríes de la forma en que se hacía eco de tus emociones, cuando te decía que los dos erais muy parecidos, porque te das cuenta de que no te pareces en nada a él. Empiezas a explorar tu lado creativo y dejas de preocuparte por lo que los demás piensen de ti. Las viejas amistades también pueden empezar a cambiar a medida que tú también cambias y tienes más seguridad en ti mismo. Estás recuperando tus límites, o quizás los estás estableciendo por primera vez.

Límites

En el desarrollo de la autoestima, establecer límites es una de las partes más difíciles. Al principio parece antinatural, incluso psicopático. ¿Cómo puedes ser tan estricto con personas que necesitan tu ayuda? Y, además, ¿cómo te enfrentas a quienes te acusan de ser poco razonable o hipersensible porque ya has dejado de ser su felpudo?

Debes aprender a diferenciar entre ser poco razonable e hipersensible y establecer unos límites sanos. Es muy probable que la gente que te acuse de ser poco razonable sea desagradable, grosera y antipática. La única diferencia es que ahora ya no eres su felpudo. Harán todo lo posible por mantener la dinámica actual, porque más límites significa menos complacencia. Nunca deberías sentir la necesidad de defenderte de un amigo. Nunca deberías tener que explicar por qué no puedes hacer planes una noche. Y nunca deberías andar con pies de plomo, intentando reformular una frase para evitar una interacción desagradable.

Esta costumbre de complacer a la gente es tóxica para ti, y a menudo la provoca la necesidad de hacer felices a los demás. Sin embargo, a veces no hay un origen más profundo en estos patrones más allá de ser simplemente una buena persona. Si de forma natural tienes tendencia a ser amable, la gente tóxica lo percibirá y se aferrará a ti. Descubrirá en seguida cómo manipularte haciéndote sentir culpable, siendo pasivo-agresivo y haciéndose el mártir. A medida que más gente se dé cuenta de cómo eres, esto se convertirá en una bola de nieve. Acabarás atrapado en sus círculos de inseguridad, lo que a menudo es el motivo de que ya seas insensible a los abusos del psicópata.

CUÁNDO NO DECIR «LO SIENTO»

Las personas amables tienen tendencia a sentirse muy culpables cuando no se dejan pisotear o regañan a alguien por una conducta inapropiada. Esta inmediata disculpa por mantener los límites es aprovechada por las personas tóxicas. Esperan la angustia que te autoinfliges y saben que en realidad no necesitan cambiar de actitud, porque muy pronto te sentirás mal. Además, su deseo de reconciliarse les permite llamarte «bipolar» por pasar tan rápidamente de la firmeza a la compasión.

Deberías sentirte siempre cómodo cuando estás con un amigo y comentas una preocupación. La gente normal es receptiva a las sugerencias para ser mejores, sobre todo si se expresan amablemente. Las personas empáticas deben asegurarse de que no hieren tus sentimientos. Por el contrario, la gente tóxica lo que hace es estallar y devolverte la pelota. O bien culpan a su pasado y ofrecen falsas excusas, aunque a la semana siguiente seguirán comportándose de la misma forma. Si te das cuenta de que estás disculpando repetidamente el mal comportamiento de alguien, deja de hacerlo y piensa por qué simplemente no se comporta de un modo que no necesite ser excusado.

Canalizar la empatía

Hay mucha gente que tiene un lema muy sencillo: sé amable siempre. Creen que si son buenos, el mundo también lo será. Pero como hemos descubierto muchos de nosotros, las cosas no funcionan así. Hay gente que lo que pretende es aprovecharse de la bondad, lo que acaba con nuestro espíritu hecho trizas. Y una vez nos hemos recuperado de esa experiencia, nuestra primera reacción es declararle la guerra a nuestro antiguo yo. Basta ya de compasión, flexibilidad y generosidad…, ¡al diablo con todo! Sin embargo, ésa no es una buena solución. El problema nunca fue tu amabilidad; el problema fue quien la manipuló. El amor y la empatía son lo que hace que la vida de un soñador sea tan gratificante. Es lo que nos proporciona esta conexión única con el mundo y con las personas que nos rodean. No lo deseches todo eso por el hecho de haber sido herido. En vez de eso, descarta a la gente que te hirió. Guarda tus dones para quienes sepan apreciarlos y corresponder de verdad. Probablemente, tu Constante sea un ejemplo de esa gente. Los abusadores, por otra parte, manipulan tus mejores cualidades y te hacen dudar de ti mismo.

Entonces, ¿cómo puedes vivir saludablemente en un mundo donde estás sujeto a cruzarte con personas buenas y con personas malas todos los días? ¿Cómo puedes no dejarte pisotear y aun así conservar intactos tu amabilidad y tu carácter compasivo? La respuesta radica en aprender a «canalizar» tu empatía, en desconectarse de la gente tóxica y en no sentirse mal por hacerlo.

La pérdida de la inocencia es la forma en que tu corazón empieza este camino. Ahora que estás aprendiendo a descubrir quién es sano y quién no, comprendes que no estás obligado a hacer feliz a toda la gente que te rodea. Puedes encontrar una gran paz rodeándote de un pequeño grupo de gente con buen corazón de la que te puedas fiar. Así, serás libre de demostrar toda tu compasión sin acabar agotado.

Sin embargo, estando rodeado de personas tóxicas, empezarás a dejar en espera estas cualidades. Esto no significa de ningún modo que te conviertas en un psicópata pasajero (en el caso de que exista algo así). Lo único que estás haciendo es proteger tu espíritu. Esto significa percibir las cosas con el cerebro y no con el corazón. Tu corazón siempre estará listo para confiar en los demás y pensar lo mejor de ellos. Sin embargo, tu cerebro te permitirá hacer un análisis lógico y objetivo de una situación. Ésta es la mejor manera de tratar con personas tóxicas. No debes malgastar tu capital emocional con ellas. Tienes mucho, y mereces invertirlo en gente que te haga feliz.

El proceso de curación consiste en aprender a descubrir tus verdaderos puntos fuertes y en rodearte de personas que compartan y aprecien esas cualidades. A partir de ahí, todo empieza a cambiar. El viaje de un soñador es universal y extrañamente circular: vuelve a la sabiduría que siempre hemos tenido pero que jamás habíamos reconocido.

El compromiso sin psicópatas

Cuando los miembros entran por primera vez en nuestro foro, les pedimos que se comprometan. Es una promesa que honra la autoestima y fomenta las relaciones sanas. Si sigues estas sencillas afirmaciones, siempre serás libre de relaciones tóxicas:

1. Nunca más le suplicaré a nadie. Cualquier hombre o mujer que me rebaje a ese nivel no merece mi corazón.
2. Nunca toleraré críticas sobre mi cuerpo, mi edad, mi peso, mi trabajo o sobre cualquier otra inseguridad que pueda tener. Una buena pareja nunca me menospreciará; lo que hará es levantarme.
3. Daré un paso atrás para considerar objetivamente mi relación al menos una vez al mes para asegurarme de que me respetan y me aman y de que no me adulan ni me bombardean con amor.

4. Siempre me haré esta pregunta: «¿Trataría yo así a alguien?». Si la respuesta es no, entonces yo tampoco merezco ser tratado así.

5. Confiaré en mi instinto. Si tengo un mal presentimiento, no intentaré ahuyentarlo con excusas y confiaré en mí.

6. Sé que es mejor estar soltero que en una relación tóxica.

7. No me hablarán de un modo condescendiente o sarcástico. Una pareja que me ame no me subestimará.

8. No permitiré que mi pareja me llame celoso, loco o cualquier otra cosa desdeñosa.

9. Mis relaciones serán mutuas e iguales en todo momento. Amar no consiste en controlar y ejercer poder.

10. Si alguna vez me siento inseguro acerca de alguno de estos pasos, buscaré ayuda en un amigo, en un foro de apoyo o en un terapeuta. No actuaré siguiendo una decisión impulsiva.

¿Aceptas este compromiso? Si es así, firma en esta página a modo de recordatorio, a fin de que puedas volver a ella en cualquier momento y recordar la promesa que te hiciste a ti mismo. Tratarse bien a uno mismo no sólo acelera el proceso de curación, sino que también pone en marcha costumbres más saludables que continuarás teniendo en tus futuras relaciones y amistades. Así pues, hazte un favor y entrena tu mente para empezar a esperar las cosas buenas que siempre te has merecido.

Autenticidad

El proceso de recuperación es el comienzo de tu nueva vida. Piensas retrospectivamente en las antiguas dinámicas, preguntándote cómo pudiste tolerar en algún momento tal nivel de toxicidad. Como he mencionado anteriormente, incluso podrías sentirte avergonzado de tu comportamiento en el pasado. Este remordimiento es tu autoestima, que está empezando a funcionar y te recuerda que ahora eres otra persona.

Después de la relación, es probable que te comportes como un «animador», dispensando cumplidos como una forma de conseguir que también te los dispensen a ti. Es probable que lo hagas, sobre todo, con otras víctimas de abusos. Con el tiempo, tus cumplidos empezarán a ser más personales y sinceros. Trabas amistad con gente que te importa de verdad en lugar de salir al paso de cada superviviente que te cruces en el camino. Eso es sano. El mundo es muy grande. No deberías ser el mejor amigo de todas las personas que conozcas. Es mucho mejor tener unos pocos buenos amigos que millones de conocidos con los que sólo intercambias las típicas formalidades.

En esta misma línea, los supervivientes que dedican su tiempo a ayudar a otras víctimas de abusos deben sentirse orgullosos de sí mismos. Ya sea a través de Internet, personalmente o por teléfono, estás haciendo algo increíble para cambiar el mundo. La recuperación del abuso forma parte de lo que eres, y deberías sentirte a gusto compartiéndolo con amigos y parejas. Trabajas con supervivientes, y eso es una pasión que merece la pena cultivar.

Durante mucho tiempo, me sentí raro hablando a la gente de este libro y del sitio web Psychopath Free. No era vergüenza ni nada parecido. Simplemente era extraño compartir esa parte íntima de mi vida con el resto del mundo. Sin embargo, cuanto más hablaba de ello, más fácil me resultaba.

A medida que te conviertes en tu yo más auténtico, la gente que te rodea, y no por casualidad, empezará también a cambiar. Disfruta de ello y no te olvides de atribuirte el mérito de todo el trabajo duro que has llevado a cabo para hacerlo realidad.

Descubrir la belleza que siempre hemos tenido

Los escritos de HealingJourney siempre me han inspirado, pero éste me dejó realmente impresionado:

> *Pensó en cómo había sido perseguido y menospreciado, y ahora les oía decir a todos que era la más hermosa de todas las aves.*
> *Los lilos doblaron sus ramas hasta el agua, delante de él, y el sol,*

brillante, era cálido y alegre. Hizo crujir sus plumas, levantó su esbelto cuello y, con júbilo en el corazón, dijo: «¡Nunca soñé con ser tan feliz cuando era el patito feo!».

«El patito feo», de Hans Christian Andersen

Resulta asombroso lo mucho que un encuentro con un psicópata puede cambiar nuestra visión del mundo, incluidas esas cosas que siempre nos han sido tan familiares, como en el citado cuento de hadas. Aunque siempre me gustó «El patito feo» porque tiene un final feliz, no era mi cuento favorito, pues me hacía sentir inexplicablemente triste. Nunca analicé *por qué* me hacía sentir triste; creo que, en esa época, era algo que me resultaba demasiado doloroso. Sin embargo, después de haber vivido una experiencia tan oscura, sé que me sentía triste porque durante mucho tiempo me vi a mí mismo como el patito feo. Nunca imaginé que podría transformarme en un precioso cisne. Irónicamente, este horrible trauma me ha brindado la oportunidad de hacer justo eso. Me ha llevado tiempo y muchos traspiés, pero ahora puedo ver la significativa belleza que hay dentro de mí. Me veo como el cisne y tengo un maravilloso sentido de pertenencia. ¡Soy capaz de disfrutar de mi propia singularidad! Esa belleza está en el interior de *cada* superviviente; es una belleza que siempre hemos poseído pero que ignorábamos que teníamos. A medida que te abres camino durante tu viaje hacia la recuperación, tienes el poder de descubrir tu belleza interior viendo y aceptando las siguientes verdades:

No fuiste estúpido; eras inocente.
Cuando fuiste consciente por primera vez del alcance de la traición del psicópata, es probable que te inundara la vergüenza. ¿Cómo es posible que no vieras el alcance de las mentiras y la manipulación? Es normal sentirse estúpido cuando la realidad se desmorona. Y es fácil enfadarse con uno mismo por no haberte dado cuenta de que el «amor» que el psicópata te ofreció era una ilusión. Así es como el psicópata —el maestro del engaño— quiere exactamente que te sientas, ¡aunque no es verdad! Eres una persona cariñosa y empática. Nadie te enseñó que los depredadores humanos emo-

cionalmente incapacitados están ahí fuera; sólo habías oído hablar de ellos en los cuentos de hadas o en historias sobre asesinos en serie. Ignorabas que están entre nosotros y que muchos de ellos parecen ciudadanos normales y respetuosos con la ley. No puedes protegerte de algo que no sabías que existía. El patito feo simplemente ignoraba que siempre había sido un cisne, que jamás había sido un pato. No debemos culparlo por su inocencia, y tú tampoco debes hacerlo.

Es normal tener inseguridades y ser vulnerable.

Probablemente te hayan advertido que es «malo» ser inseguro o vulnerable. Puede que incluso te hayan enseñado esto quienes están tratando de ayudarte a curarte del abuso psicopático. Sin embargo, enfrentarse a las inseguridades y al hecho de ser vulnerable ante los demás forma parte de lo que hace de ti un ser humano normal. Incluso las personas más seguras dudan a veces de sí mismas; incluso la gente emocionalmente más sana necesita abrir su corazón a los demás *y ser vulnerable* si quiere construir una relación íntima significativa. Es perfectamente posible adquirir más confianza en uno mismo y aun así mantener la capacidad de permitir que otras personas —otras personas *adecuadas*— entren en tu círculo íntimo. El patito feo decidió confiar en un hombre que lo encontró medio congelado en la nieve y que lo alimentó hasta que recuperó la salud. Se permitió ser vulnerable incluso después de todas las burlas y los abusos que había soportado. Tú puedes hacer lo mismo, y deberías hacerlo con cuidado y basándote en lo que has aprendido de tus experiencias.

Se aprovecharon de tus debilidades y de tus puntos fuertes.

Podrías pensar que la forma en que fuiste utilizado por el psicópata sólo pone de manifiesto tus defectos. Podrías creer que tienes unos problemas singulares que te convierten en un imán para los psicópatas. Eras demasiado confiado, te faltaban límites, no te querías lo suficiente a ti mismo, y así sucesivamente. Sin duda alguna, es cierto que se aprovecharon de tus debilidades. Sin embargo, *también* se aprovecharon de tus puntos fuertes. La capacidad de amar es un punto fuerte. La capacidad de confiar es un punto fuerte. La capacidad de cooperar es un punto fuerte. La capacidad de ser amable, honesto y empático es un punto fuerte.

Un psicópata carece de conciencia, y, debido a esto, él o ella son capaces de actuar con una horrible crueldad. Él o ella utilizan la compasión para capitalizar tu deseo natural de ser amable y comprensivo. El psicópata se hace eco de tus valores y de todos los aspectos de tu personalidad – incluidas las cualidades positivas– a fin de hacerte creer que él o ella son como tú, cuando en realidad él o ella son todo lo contrario. El psicópata te prepara de tal forma que tú proyectas tu bondad en él o ella. El patito feo esperaba que la mujer, el gato y la gallina a los que acudió en busca de ayuda fueran tan buenos como él, pero, lamentablemente, estaba equivocado. Sin embargo, eso no le arrebató sus maravillosas cualidades. Y, en tu caso, ser el blanco de un psicópata no significa que haya algo malo en ti.

Hacer frente al dolor te hace libre.
Después de haberte librado del psicópata, cuando estás sufriendo las consecuencias de la experiencia, estás traumatizado. Eres como el patito feo, congelado en medio del paisaje invernal. Estás adormecido, confundido, sumido en la niebla y enfrentándote a un dolor muy intenso. Deseas desesperadamente que cese el dolor, y a menudo haces lo que sea para alejarte de él.

La evitación y la negación son respuestas humanas normales y naturales ante el dolor. Todos los seres humanos normales hacen ambas cosas en grados diversos y durante diferentes períodos de tiempo. Sin embargo, cuando te armas del valor necesario para enfrentarte de verdad al dolor y abordarlo es cuando alcanzas la libertad. Es cuando sientes una alegría nueva que te cambia la vida. No puedes seguir dando vueltas al dolor y descubres la felicidad que te mereces. Debes explorar el dolor y abrazar todos los desafiantes sentimientos y los altibajos que son la esencia del proceso de duelo. Durante mucho tiempo puede parecer que siempre estarás sufriendo…, hasta que un buen día te darás cuenta de que doblaste una esquina y descubriste un mundo nuevo y maravilloso que jamás hubieras imaginado.

Cuando abrazas todas estas verdades, descubres quién eres a un nivel más profundo y te das cuenta de que posees la capacidad de cambiarte a ti mismo de un modo que los psicópatas nunca serán capaces de hacer. Te das cuenta de que tu belleza interior *siempre* ha estado ahí. Puedes crecer, cambiar y evolucionar para convertirte en ese ser humano especial y maravilloso que siempre has sido y que siempre debiste ser. Tienes la oportunidad de desarrollar una nueva sabiduría, de abrazar una nueva visión del mundo y de utilizar ambas cosas para encontrar la luz interior que se ocultaba dentro de ti y dejar que brille. Y cuando lo hagas, aprenderás cómo volver a confiar en ti mismo otra vez y encontrarás a otras personas que te valoren y te quieran.

> *Se sentía bastante satisfecho de toda la miseria y las tribulaciones que había padecido, porque ahora era capaz de valorar más su buena suerte y toda la belleza que lo esperaba. Los enormes cisnes nadaban y nadaban a su alrededor y lo acariciaban con sus picos.*

El patito feo encontró su camino a casa, y tú también lo harás.

Treinta señales de fuerza

Los soñadores somos eternos optimistas. Queremos creer en lo mejor de todo y en todos los que nos rodean. Aunque esto es una bendición, también puede convertirse en una trampa cuando hay personas tóxicas involucradas. El problema es que empezamos a ignorar y disculpar su inaceptable comportamiento para mantener nuestra fe incondicional en ellas. Tememos que expresar nuestras preocupaciones haga que éstas sean reales, y que, de algún modo, destruyamos ese sueño. Así pues, decidimos concentrarnos sólo en aquellas que son positivas. Sin embargo, al final, todo el mundo tiene un momento en que estalla…, cuando nuestros límites han sido violados en demasiadas ocasiones. De modo que reaccionamos y, de repente, nos convertimos en el Enemigo Público Número Uno. ¿Cómo te atreves a dejar de ser un felpudo? ¿Cómo has podido traicionar a esas personas dejando de perdonarles de repente todos sus abusos? Además, la gente que te rodea no tardará en preguntar, teniendo en cuenta lo bien que hablabas siempre de esa persona, a qué se debe ese cambio de opinión tan repentino. Y así es como los soñadores nos quedamos atrapados en relaciones con parásitos. Los abusadores y quienes te rodean no señalarán el abuso, sino tu nueva reacción ante él. La gente espera que siempre seas alegre y positivo. Sin embargo, esto es imposible cuando estás rodeado de personas tóxicas. Y aun cuando consigas que la gente comprenda que tú eres la víctima, que estás siendo objeto de un abuso, todo acaba siendo culpa tuya. Mucha gente oye hablar de «relaciones abusivas» y piensa de inmediato en la debilidad y la vulnerabilidad. Se trata de un desafortunado estigma social, porque lo cierto es que *cualquiera* puede convertirse en la presa de un psicópata. De hecho, los psicópatas se sienten orgullosos de seducir y destruir a objetivos fuertes y triunfadores. Así pues, tanto si eres alegre, inseguro, feliz, triste, popular, solitario, seguro de ti mismo, cohibido, emocional, reservado, divertido, tímido, complicado o cualquier mezcla de todas estas cosas, da igual.

Nadie merece ser víctima de un abuso.

La verdad es que el objetivo de un psicópata no son tus debilidades, sino tus puntos fuertes. Y lo que he averiguado es que, en realidad, la experiencia psicopática te hace más fuerte. Y serán estos puntos fuertes los que te permitirán curarte y seguir adelante con entereza, confianza y amor.

He conocido a algunos de mis mejores amigos a través de Psychopath Free y he descubierto en ellos algunas cualidades que creo que comparten muchos supervivientes:

1. **Los actos frente a las palabras.** La gente sana y humilde no habla constantemente de las cosas buenas que ha hecho, porque resultaría incómodo y arrogante. En lugar de eso, lo demuestran a través de sus actos.

2. **Una fuerte moral rectora.** Los supervivientes siempre prestan mucha atención a las normas y la ética. Tienen miedo de meterse en líos en la escuela, de violar la ley o de herir a una pareja. Su felicidad no quebranta la de los demás y se esfuerzan por ver esa misma bondad en ellos.

3. **Asumir la responsabilidad de sus actos.** En lugar de culpar a otros de sus problemas, tienen tendencia a asumir toda la responsabilidad. No buscan excusas ni chivos expiatorios.

4. **Amables y compasivos.** Los supervivientes tienden a ser la clase de persona que siempre está dispuesta a comprometerse y a mejorar las cosas. Son accesibles, cálidos y sensibles a los sentimientos de los demás.

5. **Pedir disculpas cuando la situación lo exige.** Siempre dirán «lo siento» cuando se equivocan en algo (y a veces incluso cuando no han hecho nada malo). Aunque los manipuladores sólo se disculparán si pueden obtener algo a cambio, sus objetivos lo harán a fin de restaurar la paz y la confianza.

6. **Idealistas, románticos e imaginativos.** A menudo, los supervivientes son creadores: artistas, escritores, consejeros espirituales y músicos. A esta clase de soñadores puede resultarles más complicado que a la mayoría de la gente conciliar sus ideales con la realidad; sin embargo, un mundo sin soñadores sería muy triste.

7. **No les gustan los conflictos ni las críticas.** Los psicópatas buscan personas que no vayan a hacerles frente, aunque eso no implica que sean sumisas y débiles. Significa que no son proclives a los conflictos y que están dispuestos a dejar de lado los problemas para mantener la armonía. ¡Los supervivientes son grandes colegas y compañeros de habitación!

8. **Optimismo.** Ésta puede ser la causa de que a una víctima le cueste tanto dejar a quien abusa de ella. Siguen esperando que las cosas cambien y vuelvan a ser como eran durante la fase de idealización. Quieren ver lo mejor en todo el mundo, y lo mejor de esto es que ayudan a los demás a ver lo mejor de sí mismos. Su optimismo es contagioso y consiguen que la gente mantenga sus esperanzas.

9. **Perdón.** Aunque les cuesta mucho perdonarse a sí mismos, la mayoría de los supervivientes tienen tendencia a ser muy indulgentes en lo concerniente a la mala conducta de los demás. No juzgan ni guardan rencor.

10. **Esforzarse siempre por ver lo bueno en los demás.** Proyectan su carácter bondadoso y su conciencia en los demás, sobre todo porque quieren ver la bondad inherente en todas las personas. Aunque parte de la recuperación consiste en aprender a identificar a la gente por lo que realmente es, tanto si sus cualidades son positivas como negativas, esperar lo mejor de los demás hace realmente que la gente (normal y empática) sea mejor.

11. **Comprender de forma natural las inseguridades de los demás.** Los supervivientes parecen tener alguna especie de mecanismo de «detección» de los puntos débiles de los demás. Una vez captados, los supervivientes son intuitivamente conscientes de cómo deben abordar esos puntos débiles con respeto y amabilidad (en contraposición a los desmesurados halagos que dispensan los psicópatas).

12. **Buscar un escenario ideal.** Los conflictos son inevitables cuando hablamos de las relaciones, la familia y el trabajo; sin embargo, la gente empática es naturalmente propensa a buscar soluciones que hagan feliz a todo el mundo.

13. **Comprender y valorar la necesidad de espacio de los demás.** Por lo general, los supervivientes son capaces de comprender cuándo al-

guien necesita pasar un tiempo a solas (en contraposición a la atención extra o a los ánimos). No son agobiantes ni controladores, sino que tienen tendencia a saber escuchar y a intuir cuándo se les necesita.

14. **Flexibilidad y trato fácil.** Son capaces de adaptarse a la mayoría de situaciones, sobre todo si se trata de alguien que les importa. Son de trato fácil en cuestión de relaciones y poco dados a señalar una conducta inapropiada hasta que sus límites son violados repetidamente. Aun cuando haya una justificación, es probable que se sientan mal después de haber reprendido a alguien.

15. **Concentrarse en lo positivo.** Ven lo mejor en los demás y en las situaciones, poniendo énfasis en lo bueno y pasando por alto los detalles negativos.

16. **Gran respeto y lealtad hacia sus parejas.** Se comprometen a demostrar su lealtad y a crear confianza en todo momento. Por muchos desafíos que plantee una relación, estarán decididos a tratar bien a su pareja.

17. **No consideran el sexo como un acto puramente físico, sino que lo asocian a las emociones.** El sexo implica unos sentimientos y vínculos muy fuertes. Los supervivientes prefieren la comodidad y la intimidad con una pareja que una serie interminable de encuentros esporádicos.

18. **Buscan una pareja para toda la vida.** De acuerdo con el punto anterior, la mayoría de los supervivientes no quieren simplemente tener citas y aventuras, sino que buscan una pareja para toda la vida.

19. **Autocrítica y humildad.** No sienten ninguna necesidad de dar una imagen pomposa o impactante de sí mismos porque les resulta mucho más fácil estar a gusto con gente modesta.

20. **Alcanzan su mayor grado de felicidad cuando hacen felices a los demás.** A los supervivientes les mueve un innato deseo de que los demás se sinceren, se rían y se sientan bien con ellos mismos. Les basta la simple sonrisa de un desconocido para alegrarles el día.

21. **Les encantan los niños y/o los animales.** Sienten un total respeto y admiración por la inherente inocencia de los demás.

22. **Los mueve la justicia.** Los supervivientes tienen tendencia a buscar la verdad, y no desistirán hasta que entiendan todas las expe-

riencias que los han hecho como son. No les vale encogerse de hombros y decir: «Bueno, la vida es un asco».

23. **Valorar las opiniones, ideas y creencias de los demás.** Aun cuando no estén de acuerdo con los demás, nunca se burlan o descartan las creencias fundamentales de otra persona. Sus amigos y parejas no tienen miedo de ser abiertos y sinceros con sus verdaderos sentimientos, porque siempre serán recibidos con amplitud de miras (siempre y cuando las ideas se planteen de forma respetuosa).

24. **Una fuerza oculta.** Sorprende el contraste entre su aparente sumisión y la fuerza que realmente poseen. A los supervivientes los sostiene una profunda resistencia.

25. **Trabajadores e independientes.** Los supervivientes se emplean a fondo en todos los aspectos de su vida, ya sea en el trabajo, en la familia o ayudando a otras personas en el foro. En realidad, nunca he conocido a tantas personas motivadas en toda mi vida como lo he hecho en el sitio web. Nadie desea ser una víctima o sufrir permanentemente a causa de su pasado.

26. **Saber escuchar.** Hay mucha gente que siempre quiere que acabes de hablar para poder contar su historia. Los supervivientes se pasarán horas escuchando a los demás y serán capaces de empatizar sin relacionarlo todo con ellos.

27. **Saber disfrutar de los momentos a solas.** Los supervivientes no se aburren fácilmente ni buscan constantemente emociones. Eso no significa que no sean aventureros, sino que saben apreciar la consistencia y la fiabilidad de su círculo íntimo. No necesitan estímulos externos todos los días para ser felices; en realidad, a veces quieren pasar ratos a solas para cargar las pilas.

28. **Educación con perfectos desconocidos.** Es probable que hayas oído hablar de la «prueba del camarero», según la cual se pueden valorar muchas cosas sobre tu cita en función de cómo tratan a un camarero en un restaurante. Creo que es una forma increíblemente eficaz de medir la moral rectora de una persona. Malcolm Forbes expresó esta misma idea cuando dijo: «Puedes juzgar fácilmente el carácter de una persona por su forma de tratar a quienes no pueden hacer nada por ella».

29. **Conexión con la naturaleza.** Los supervivientes disfrutan pasando tiempo al aire libre, entrando en contacto con el mundo que los rodea. Respetan a los árboles, los animales, las flores, las plantas y el resto de cosas que la Madre Naturaleza tiene que ofrecer. Un día soleado les sube la moral y se quedan fascinados contemplando una tormenta eléctrica.

30. **Buscar la armonía, la paz y el amor para toda la vida.** Todos los supervivientes que he conocido han iniciado su propio camino hacia la libertad. Sea cual sea la forma que han elegido para alcanzarla, siempre sentiré la mayor admiración y el mayor respeto por su capacidad de recuperación y su impulso por convertir la oscuridad en luz. En mi opinión, ésta es la más mágica de todas las cualidades humanas.

Apuesto a que ves muchos de estos rasgos en ti. Deberías respetar estas cualidades, alegrarte de ellas y buscarlas en los demás.

En lugar de fustigarte por haber «perdido» en el juego del psicópata, recuerda que lo que pretendía era ganar destruyendo en ti esas cualidades, unas cualidades que él nunca poseerá. Intentó engañarte, haciéndote creer que todas esas cosas tienen algo de malo y convirtiendo tus puntos fuertes en deplorables defectos. Pero ¿sabes qué? Él no destruyó esas cualidades; aún siguen estando dentro de ti. Y ahora que eres capaz de reconocer su valor, puedes volver a tu verdadero yo: esa persona bella, cariñosa y empática que ilumina el mundo.

Al principio de este libro, compartí las treinta señales de alarma de un psicópata, que hay que tener en cuenta en la gente manipuladora y abusiva. Quizás ahora puedas utilizar estas treinta señales de fuerza como una guía para identificar a las personas empáticas, la clase de personas que quieres que estén en tu vida. Quieres a alguien que busque la paz y la armonía en lugar del drama. Quieres a alguien que sea bueno, compasivo y leal. Quieres a alguien que te escuche, que te valore y que vea lo mejor en ti. Y quieres al optimista, al romántico y al soñador. Hay muchos otros soñadores ahí fuera, gente como tú. Una vez los encuentres, nunca mirarás atrás.

Espiritualidad y amor

Las relaciones psicopáticas se caracterizan por inicios de fantasía, seguidos de inmediato por la erosión de la identidad y una despiadada devastación. A diferencia de la fase de luna de miel que se experimenta en muchas relaciones sanas, el bombardeo de amor de un depredador no adquiere poco a poco un equilibrio más normal. Su comportamiento oscila rápidamente de un enfermizo extremo a otro. Tu pareja pasará de planear con entusiasmo casarse y tener hijos a criticar repentinamente tu físico y a decirte que estás loco.

La mayoría de los supervivientes creen que su vida es relativamente estable cuando aparece el psicópata: tienen un trabajo fijo, buenos amigos y las inseguridades cotidianas. Sin embargo, al cabo de unos meses, todo esto es destruido: se gastan sus ahorros, se pelean con sus amigos y tienen unas increíbles inseguridades. Tu cómoda vida se convierte en una pesadilla de incertidumbre y desesperación. Corres riesgos poco comunes por el «alma gemela» que en otro momento se arrojó a tus pies y te das cuenta de que te está tratando peor que nunca. Y al final te parecerá que lo has perdido todo a cambio de nada. Estas relaciones dejan a los supervivientes agotados y sin fuerza vital.

Durante el proceso de recuperación, nos reconstruimos a partir de la oscuridad total. A partir del vacío y la desesperanza, descubrimos en nosotros unas cualidades que nunca habíamos valorado hasta ahora: la creatividad, la bondad, la humildad y la compasión. Los cimientos de nuestro espíritu. Mientras nos esforzamos por convertirnos en nuestro yo más genuino, los psicópatas continúan con su ciclo de abuso por siempre jamás, como una peonza que no para de girar. Son incapaces de madurar y cambiar, y es por eso por lo que desprecian a las personas que intentan destruir. Pero el espíritu humano no puedo ser destruido, y ésta es la razón por la cual los psicópatas siempre fracasan una y otra vez.

En cuanto has recuperado la autoestima, eres libre de convertirte en quien siempre estuviste destinado a ser. Te dan igual las opiniones mezquinas de los demás, y eso te permite explorar por completo tu creatividad, tu imaginación y tu espiritualidad.

Aquí es donde empieza la magia.

Abraza a tu nuevo yo y abre el corazón para volver a amar. Deberías sentirte muy orgulloso de ti mismo. Lo conseguiste, y el camino de tu vida ha cambiado para siempre y para mejor. Puede que te cruces con personas tóxicas, pero ahora sabes que no volverás a enamorarte de ninguna. Tu mente, tu corazón y tu cuerpo se han alineado y te han hecho invencible ante las manipulaciones de los desalmados.

Ya no pierdes el tiempo pensando en el pasado, porque el presente y el futuro son mucho más brillantes. En lugar de analizar el comportamiento ambiguo de los demás, te paras en seco y simplemente los alejas de tu vida. Ahora sabes cómo actuar.

Tu espíritu se despierta después de haber estado hibernando durante años, dispuesto a enfrentarse al mundo y a volver a conectar con este gran universo. Ocupas un lugar importante aquí, y siempre lo has hecho. No haces las cosas para impresionar a los demás, sino por ti. Nuestro amigo MorningAfter escribió uno de los textos más conmovedores que jamás he leído. En mi opinión, ésta es la auténtica cara de la curación:

Lenta pero segura

Solía ser presa del pánico si el fin de semana no sonaba el teléfono. Ahora lo soy cuando suena.

Solía sentirme triste y sola si no salía... y ahora necesito estar más tiempo a solas porque quiero leer muchos libros, hacer cosas en mi apartamento y salir a pasear. Necesito que los días sean más largos.

Solía estar tan pendiente de mi aspecto que llevaba unos incómodos zapatos de tacón para ir a trabajar. Hoy he ido a la oficina con zapatos planos y me he sentido cómoda. Usar tacones me hace sentir mejor, pero si no soy capaz de sentirme bien conmigo misma vistiendo unos viejos vaqueros, el mejor de los vestidos no me ayudará.

Solía usar siempre maquillaje todos los días. Ahora no es necesario. Aunque es divertido ponérselo, ya no es un requisito indispensable para salir por la puerta.

Ahora valoro más a la gente que sonríe. Me siento más conectada con la gente que antes. Cuando veo a gente caminando y sonriendo, le dedico un segundo de mis pensamientos y me alegro por ella.

También hay tristeza. Pero así es la vida. Hay cosas buenas y cosas malas. Sin embargo, ahora las vivo de manera distinta.

Lo que me da miedo es no volver a tener buenos amigos y una relación íntima. Sin embargo, sólo he recorrido un tercio del camino hacia la recuperación, de modo que ¿quién sabe lo que me aguarda en el futuro? Me da miedo confiar en alguien..., pero la belleza que estoy descubriendo ahora es confiar en mí misma... por primera vez en mi vida. Y disfrutar haciéndolo.

A veces me parece que estoy sola en la situación en la que me encuentro, pero esta conclusión se basa en mi antigua forma de pensar. No estoy sola, sólo acabo de alejar de mi vida a la gente mezquina y miserable; ahora tengo espacio para que la buena gente y las cosas buenas entren en mi nueva vida.

Lenta pero segura.

Gratitud y perdón

A menudo, durante el proceso de curación, perdemos de vista que en el mundo hay muchas cosas buenas. Pero están ahí, desde el momento en que te despiertas por la mañana hasta lo último que ves cuando te quedas dormido. Lo único que debes hacer es abrir tu corazón a todas ellas.

Todos los días ocurren cosas increíbles. Hay gente que se ríe, pájaros que vuelan, niños que juegan, olas que rompen... ¡Qué maravillosa es la vida! Sin embargo, cuando dedicamos el tiempo a concentrarnos en las pocas cosas que no marchan bien, perdemos de vista lo que realmente importa: nos olvidamos de cómo ser felices.

Me gustaría compartir una práctica que me ha ayudado a cultivar la gratitud durante los últimos años. Puede que a ti no te funcione, pero a mí me ha proporcionado mucha paz. Todas la noches, antes de acostarme, pienso en alguien con quien me siento agradecido. Normalmente suele ser mi madre o un amigo íntimo. Me imagino su rostro, su sonrisa y su genuina bondad.

Me inclino ante su espíritu y a continuación repito este proceso con otro espíritu en el que confío. Y luego otro. Y otro. Siempre me sorprende comprobar que esta práctica no tiene fin. Nunca he llegado al «final» antes de quedarme dormido, porque no creo que toda la gente buena que hay en el mundo sea finita.

Algunos supervivientes, incluido yo, dan una gran importancia a la idea del perdón. Poco a poco, con la práctica que acabo de describir, puedes empezar a integrar en tus serenos pensamientos a las personas que te han hecho daño. Al principio te preocupará que puedan provocarte malos pensamientos, pero, lentamente, encontrarán un lugar en tu corazón. ¿Cómo no iban a hacerlo estando rodeados de tanto amor?

No confundas el perdón con el contacto. El hecho de que perdones al psicópata no significa que deba volver a tener un lugar en tu vida. Y, sin duda alguna, no deberías sentir la necesidad de decirle que le has perdonado. El auténtico perdón viene de dentro y no de otra persona que confirme tu compasión.

Si decides no perdonar al psicópata, no pasa nada. Algunos supervivientes creen que eso supondría un insulto para su alma y lo comprendo perfectamente. Es una decisión tuya, y no pretendo entender cómo funciona por dentro el corazón de otra persona. Haz lo que te procure más felicidad; sólo tú sabes cómo hacerlo.

Una extraña conversación

Todos tenemos dudas, frenesís de ideas, preocupaciones sobre nosotros mismos, sobre nuestro futuro y sobre el mundo que nos rodea. Esto resulta especialmente cierto y devastador tras la relación abusiva.

Cuando nos hacen daño, nuestro inmediato deseo es que dejen de hacérnoslo. Creo que ésta es la reacción natural de la mente ante el dolor. Somos seres que se curan a sí mismos, por lo que, después de una relación abusiva, tiene sentido que queramos empezar a sentirnos bien lo antes posible. Sin embargo, como todos sabemos, no es tan fácil. Lleva años de recuperación profundizar, trabajar y recuperar nuestra autoestima para encontrar nuestro lugar y nuestra confianza en este mundo.

E incluso entonces, el viaje no ha terminado.

Años después –con autoestima, relaciones sanas y maravillosas amistades– empecé a sentir un dolor constante en el pecho. Nunca parecía ser capaz de describirlo del todo bien, pero estaba allí a todas horas. Muchos supervivientes experimentan algo parecido que se manifiesta de formas muy distintas. Anteriormente lo he descrito así:

El demonio que te envuelve el corazón con sus garras y que siempre está ahí para recordarte todo lo que quieres olvidar.

He dedicado semanas de mi vida a investigar este demonio, intentando averiguar por qué no me dejaba en paz. Deseaba con todas mis fuerzas que se esfumara, permitiéndome disfrutar de la vida como recordaba que era antes. Intentaba convencerme a mí mismo de que había desaparecido, aun cuando podía sentirlo arrastrándose de nuevo a hurtadillas hacia mí. Pensé en medicarme, aunque descarté esta opción por motivos personales.

Y entonces, un buen día, di con una terapeuta especializado en «terapia de la imaginación». Me sonó bien. Así pues, quedé con ella y dediqué las semanas siguientes a bucear en mi imaginación.

Me gustaría compartir lo que aprendí (junto con algunas cosas de cosecha propia) por si puede serle útil a cualquiera que esté sumido en esta oscuridad persistente. No estás solo, y no tienes por qué seguir sufriendo así.

Lo primero que necesitaba revisitar era esta idea de un «demonio», lo cual implicaba automáticamente que ese sentimiento oscuro era mi enemigo. ¿Cómo no iba a serlo después de todo el tiempo que me había pasado odiándolo y deseando que se fuera? El miedo es algo muy poderoso que nos mantiene anclados con fuerza en nuestra angustia.

Pero ya es hora de romper este modelo de pensamiento. Ya es hora de que te enfrentes cara a cara con esa oscuridad.

Asegúrate de que estás en un lugar relajante. Una bañera llena de espuma es mi favorito. Luego, respira profundamente varias veces: aspira cinco segundos por la nariz. Aguanta cinco segundos la respiración. Suelta el aire por la boca durante cinco segundos. Ahora, toma conciencia de ese sentimiento oscuro mientras empieza a cobrar forma, incluso en esta situación tan relajante.

Pero ahora, en vez de desear que se vaya, dale la bienvenida. Da miedo, pero te prometo que no te hará daño. Da la bienvenida a todos los frenesís de ideas, preocupaciones, dudas y a los síntomas físicos que los acompañan. Y una vez estés consumido del todo...

Preséntate.

A continuación se reproduce la conversación que tuve justo después. Me cambió la vida. Y espero que te sirva de guía para que hagas tus propios descubrimientos.

Respuestas inesperadas a preguntas inesperadas: ¿Por qué estás aquí?

Esperaba una respuesta desagradable, una voz distante de mi ex diciéndome que merecía sufrir. Que estaba loco y que era débil y patético.

Te imaginarás mi sorpresa cuando él (sí, sin lugar a dudas, era un niño), con voz suave, me respondió: «Estoy aquí para asegurarme de que estás bien».

Eso lo cambió todo. De repente no parecía tan aterrador. Pero aún tenía que preguntarle por qué me estaba haciendo daño, oprimiéndome el pecho. Respondiendo antes de que pudiera preguntárselo, dijo: «Sólo he estado abrazando tu corazón para mantenerte a salvo. Nunca quise hacerte daño».

De pronto, no quería que ese niño me abandonara. Sí, deseaba que dejara de abrazarme tan fuerte, pero ya no le tuve miedo nunca más. Confié en él en seguida. Ese niño tenía algo de amoroso, bueno e inocente. Quería saber más.

Recuerdos olvidados: ¿Cuándo llegaste?

Pensé que debía haberse unido a mí tras la relación. Después de todo, fue entonces cuando empecé a sentir sus «abrazos». Así pues, le pregunté cómo había dado conmigo y por qué había decidido quedarse. Una vez más, su respuesta me sorprendió.

Me dijo que había estado conmigo desde el día que nací. Era mi energía, mi creatividad, mi espíritu viviente. Se quedaría conmigo para siempre, y le emocionaba mucho que por fin estuviéramos hablando.

Sin embargo, los abrazos eran mucho más recientes. Hasta entonces nunca los había necesitado. Yo era una persona alegre por naturaleza, y él simplemente vivía y respiraba a través de mí. Pero cuando me rompí en pedazos, ya no pudo seguir haciéndolo. Cuando me encontré con el mal, fue repetidamente silenciado y apartado. Todo lo que en otros tiempos ambos habíamos valorado fue violado. De modo que se quedó conmigo, esperando en silencio. Pacientemente. Haría lo que fuera necesario para asegurarse de que nunca volvieran a tratarme mal.

Mientras tanto, hizo todo lo que estaba en sus manos para sabotear mi relación. Se negó a ver cómo me sometía a otro ser humano. Arremetía contra mí cuando quería que se callara. Él era el que no podía dejar de señalar las mentiras, la hipocresía y la manipulación, a pesar de que intenté ignorarlas con todas mis fuerzas para mantener la idealización. No le importaba que me llamaran loco o hipersensible. Lo que quería es que me alejara de ese agujero negro que nos consumía a los dos.

Y, finalmente, en el momento más oscuro de mi vida —cuando pensé en dejar este mundo—, él me dio una razón para seguir aquí. Me dio esperanza.

Una nueva relación: ¿Qué nos depara el futuro?

Le di las gracias por protegerme. Por mantenerme a salvo. Por ver el mal donde yo no fui capaz de verlo. Pero, a pesar de todos sus no reconocidos esfuerzos, necesitaba que entendiera que sus abrazos me hacían daño. Había aprendido y madurado después de mi experiencia, y le prometí que no permitiría que me volvieran a violar así otra vez. Le pedí si podía apretar un poco menos.

Consideró mi petición y dijo que haría todo lo posible. Me dijo que tardaría un tiempo en soltarme, que no era algo que fuera a ocurrir de la noche a la mañana. Dijo que tendríamos que colaborar para encontrar una solución pacífica que funcionara para los dos. Entusiasmado, le dije que estaba de acuerdo. Había progresado más que en los dos últimos años.

Le pude dar las buenas noches con una forma nueva de compasión. Esa noche me acosté sabiendo que contaba con un fiel guardián que velaba mis sueños, luchando contra la oscuridad con su eterna luz y su amor incondicional.

Mis extraños atardeceres: ¿Por qué estamos aquí?

A partir de esa noche, he tenido conversaciones con él todos los días. Es mi amigo, y ha estado conmigo desde el principio, sin esperar nada a cambio, aguardando pacientemente esta conversación. Cuando empiezo a sentirme abrumado, sé que puedo calmarme diciendo simplemente: «Oye, ¿qué pasa?».

Él siempre tiene una respuesta, y sus respuestas nunca dan miedo.

He descubierto que conecto mejor con él mientras contemplo el atardecer a orillas del río. En esos momentos creo que empiezo a descubrir por qué estamos aquí, en este extraño planeta. Si tenemos estos espíritus en nuestro interior, luchando por todo lo que es bueno, entonces seguramente deben poder verse y comunicarse entre sí. ¡El tuyo, el mío, el de todos! Me imagino que deben disfrutar jugando juntos por la noche, riendo, llorando, peleando y protegiéndonos.

Estoy conmovido por este regalo, y no lo cambiaría por nada. Este ser interior —el núcleo de nuestro verdadero ser— ha estado con nosotros desde que llegamos al mundo. Por mucho que alguien lo intente, no puede ser destruido. Todos y cada uno de nosotros fue violado de una forma incomprensiblemente injusta. No pedimos que nos robaran nuestra inocencia. Sin embargo, en su intento por destruir nuestra identidad, nuestros depredadores nos ofrecieron la oportunidad de conectar más profundamente con nuestro espíritu.

Y es por eso por lo que los psicópatas siempre fracasarán.

Ellos no entienden el amor. No pueden sentir ansiedad ni preocupación, ni estos espíritus que tenemos en nuestro interior, asegurándose siempre de que estamos bien. Pueden imitar casi cualquier cosa, pero son incapaces de comprender o experimentar la magia más importante que este mundo puede ofrecer. El amor es el destino final de los lamentables juegos psicopáticos y el punto de partida de nuestro viaje.

Nuestros espíritus no están ahí para hacernos daño, sino para ayudarnos. Siempre estarán dispuestos a hablar, ansiosos por conocer a las personas cuya vida dedican a proteger. Y hasta que se produzca esa conversación, estarán ahí para nosotros: firmes, fuertes y preparados para la siguiente gran aventura.

Encontrar de nuevo el amor

Aunque parezca mentira, después de recuperarse de la relación con un psicópata, el amor y el sexo son mejores que nunca. Son diferentes a cualquier cosa que hayas experimentado antes. Te condicionaron para convertirte en un adicto a la desesperación y a una pasión muy intensa, algo que en un momento dado confundiste con el amor. Pero ahora has aprendido muchas cosas. El amor es bueno, paciente y amable. El amor es consistente y creativo. No dudas de las intenciones de tu pareja. Sois dos espíritus que coexisten pacíficamente y que exploran el mundo juntos.

Dependiendo del grado y la clase de abuso que padeciste, es posible que necesites un tiempo para superar algunos detonantes sexuales. Un buen compañero te dará todo el tiempo del mundo. Se comunicará y será empático contigo, asegurándose de que te sientas cómodo pase lo que pase. En lugar de utilizar el sexo para manipularte, descubrirás que una pareja sana practica el sexo como vínculo y para manifestar su amor por el otro.

Una vez seas capaz de confiar plenamente, tu capacidad para experimentar la intimidad física y emocional florecerá, se desarrollará y madurará. Finalmente eres capaz de poner en práctica todo lo que has aprendido a lo largo del proceso de curación. Sabes lo que mereces y quién eres. Puedes ofrecer libremente la energía de tu amor porque la respetan y la valoran en lugar de ver cómo se desperdicia en un agujero negro.

Con los psicópatas, nunca sabes dónde estás. Vives en un permanente estado de incertidumbre, preguntándote todos los días si se preocupan o no por ti. Esta batalla diaria consume tu vida entera. Sin embargo, con el amor verdadero toda esta basura queda atrás. No te cuestionas a ti mismo. Tu amor es una relación mutua de dedicación y pasión.

Hay algo realmente sorprendente en conocer a la persona adecuada y percatarse de que lo es. «¡Vaya, nunca va a lastimarme!». Piensa en ello un momento. Durante meses −años, probablemente−, te enfrentaste al abuso emocional, y ahora todo ha cambiado porque has trabajado muy duro. Has terminado con el ciclo de violencia emocional, y lo has hecho tú solo. Arrancaste de cuajo tus patrones y redefiniste el camino de tu vida. Y, como recompensa, tu corazón, por fin, es libre.

No te preocupes por cuándo va a ocurrir. Quizás seas feliz sin una pareja, y eso es maravilloso. Pero para aquellos de nosotros que buscamos el amor, aparecerá alguien y verá toda la grandeza que llevamos dentro. Y lo que es más, lo sabrás en lo más profundo de tu corazón cuando lo encuentres. No hay prisa.

¿Recuerdas la sensación que tienes cuando descubres una canción maravillosa y la escuchas una y otra vez, preguntándote cómo es posible que hayas pasado un solo día de tu vida sin oírla? El amor es algo parecido. Surge de la nada, y antes de que te des cuenta, estaréis cantando juntos durante el resto de vuestras vidas.

El Loco y el Mundo

El Loco se da la vuelta para dar ese último paso de su vida y, para su asombro, descubre que está de nuevo donde empezó, al borde de ese mismo acantilado por el que casi se precipitó cuando era joven y demasiado ingenuo para saber hacia dónde se dirigía. Pero ahora ve su situación de forma muy distinta. Pensó que podía separar el cuerpo de la mente, aprender sobre el primero y luego dejarlo para aprender sobre la segunda. Pero, al final, todo gira en torno al yo: mente y cuerpo, pasado y futuro, el individuo y el mundo. Un todo, incluidos el Loco y el Místico, que son, ambos, las puertas de los secretos del universo. Con una sonrisa de complicidad, el Loco da ese último paso al borde del acantilado y… vuela. Cada vez más alto, hasta que es capaz de ver el mundo entero. Y allí baila, rodeado de una ioni de estrellas, en armonía con el universo. Y acaba, en cierto sentido, allí donde comenzó, empezando de nuevo al final. El mundo gira, y el viaje del Loco se completa. (Por Thirteen, Tarot Ecléctico, www.aeclectic.net).

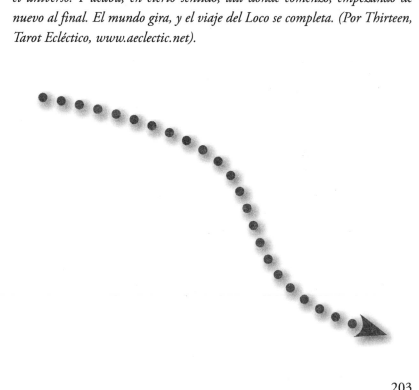

Imagínate a un homosexual virgen de veintiún años dentro del armario que aún está atravesando la pubertad, caminando por el campus para ir a su clase de programación informática, vestido con unos vaqueros rotos de Walmart.

¡Ése era yo!

Como probablemente te puedas imaginar, era la persona más insegura del mundo. Era un pelirrojo torpe y propenso al acné que jamás había tenido un novio o una novia; nadie me consideraba «atractivo». Así pues, mis inseguridades tenían básicamente su origen en mi sexualidad (o en la falta de ella). Es tan superficial como suena: era inseguro con respecto a mi apariencia. Evidentemente, en aquel entonces no sabía que era inseguro, que es la peor de las inseguridades.

Pero ésa era tan sólo una pequeña parte de Jackson. En general, sólo me gustaba ir de acá para allá, ser hiperactivo, hacer amigos, ser feliz, disfrutar de los momentos a solas y construir casas para gatos. En realidad, no me molestaba nada, y no guardaba rencor, porque era desperdiciar energías. Me gustaba hacer feliz a la gente gruñona; pensaba que todo podía curarse con un poco de amabilidad. Me gustaba embarcar a la gente en aventuras y soñaba que algún día tendría una familia e hijos.

Todas estas cosas juntas son lo que conforman una personalidad. Sin embargo, durante la época más oscura de mi vida, mis inseguridades se apoderaron de mí, convirtiéndose en mi identidad. Todas las cosas buenas quedaron a un lado para dejar espacio a mis defectos, que se hicieron más agudos a medida que me hundía cada vez más en un agujero negro.

Y cuando la relación llegó a su fin, decidí que mi antiguo yo debía haber sido la causa de todo. En lugar de analizar mis inseguridades una a una, deseché toda mi personalidad. ¡Quería ser otro! ¡Vaya manera de enfrentarse a los problemas! Y pagué un precio por ello. Perdí una gran oportunidad profesional, asusté a mis amigos, me gasté todos mis ahorros, me mudé a un lujoso apartamento y traté de ser un «tipo duro» y sexy. No funcionó (sobre todo la última parte).

Cuando miro atrás, lo más extraño de este viaje es que no llegué realmente muy lejos, hablando de una forma lineal. Dediqué gran parte de mi recuperación a volver a ser de nuevo la persona que solía ser, con algunos pequeños cambios. Pensaba que necesitaba arrancarlo todo de cuajo a fin de que mi recuperación tuviera sentido, pero estaba totalmente equivocado. En realidad, estaba más inquieto cuando intenté declararle la guerra a mi antiguo yo y a todo lo que solía valorar.

Quizás tuviste tus propias inseguridades, traumas infantiles, vanidades secretas, malas relaciones o algo completamente distinto. Sin embargo, da igual a qué luchas te enfrentaste, porque, si profundizas un poco, apuesto a que también acabarás encontrando algunas cualidades realmente interesantes en esa persona. Además de eso, quizás puedas aprender a valorar el hecho de que tu antiguo yo, dadas las circunstancias, intentaba hacerlo lo mejor que podía.

Una vez adoptamos esta visión más templada de nuestro pasado, todo el proceso de recuperación parece mucho más placentero. En lugar de esta abrumadora transformación de la personalidad que todo lo consume, sólo estamos haciendo un poco de introspección y aprendiendo a reconocer las cualidades que nos hacen ser quienes somos, para bien o para mal. Al principio, descubrir esto puede resultar muy desalentador, porque es como si ya hubieras perdido ese antiguo espíritu fiable y bondadoso.

Bueno, tengo una buena y una mala noticia. La buena noticia es que, en realidad, tu «antiguo yo» no se ha ido a ninguna parte. Eso ni siquiera tendría sentido.

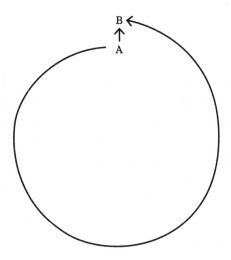

La mala noticia es que he hecho otro gráfico con Microsoft Paint.

Como puedes ver, hay dos formas de ir del punto A al punto B. Puedes moverte un centímetro hacia arriba o tomar otro largo y fastidioso camino, dando un gran rodeo.

Lo que pasa con la vida es que no eres consciente de que existe el camino corto hasta que ya has tomado el camino largo. La gente te puede decir muchas cosas sobre cómo tomar el atajo. Puedes leer muchos libros sobre cómo tomar el atajo. Un padre puede decirle a su hijo cómo tomar el atajo. La gente se gasta un montón de dinero intentando encontrar el atajo. Yo sólo te he *mostrado* el atajo con la forma de un hermoso diagrama. Sin embargo, nada de lo anteriormente dicho funciona. Sólo verás el atajo después de que hayas recorrido el largo camino solo.

¡Y eso es bueno! Aprendemos muchas cosas cuando tomamos el camino largo. Aunque al principio da miedo, pronto te darás cuenta de que hay muchos misterios y oportunidades en cada recodo. Con cada paso adquieres más y más perspectiva sobre ti mismo y el mundo. Algunos días son desdichados y desesperanzados, pero otros son prometedores y están llenos de ideas. Quizás iniciaste el camino con compasión y una confianza ciega. Más adelante, decidiste que esas cualidades te habían convertido en un felpudo humano. Sin embargo, cerca del punto B descubriste que, en realidad, esas cualidades eran maravillosas; sólo necesitabas tener un poco de conciencia de ti mismo y de autoestima para que funcionaran plenamente.

Cada pequeña cosa que descubrimos a lo largo de este camino contribuye a nuestra percepción y a nuestra comprensión. Por eso, cuando nos acercamos a nuestro destino, miramos hacia atrás y nos preguntamos: «¿En qué demonios estaría pensando? Había muchas mejores formas de hacer las cosas». Sí, claro, retrospectivamente. Resulta muy fácil mirar de nuevo el atajo y preguntarnos por qué no lo vimos, pero la única razón por la que somos capaces de juzgarnos así es *debido* a que recorrimos ese largo camino, debido a los errores, la vergüenza, los fracasos y las lecciones que hemos aprendido.

El motivo de que me encante esa cita sobre el Loco y el Mundo es porque aún sigue siendo un ingenuo al final del camino. Sigue siendo la misma persona que siempre fue, sólo que con todos los conocimientos y la sabiduría que ha recopilado a lo largo del camino.

Entonces, ¿qué lección aprendemos de todo esto? Bueno, la lección que yo aprendí fue que la próxima vez debo pasar la pubertad antes de los veintiún años. Probablemente tu lección sea otra, porque todos recorremos caminos distintos en ese gran círculo; además, empiezo a sospechar que el punto B ni siquiera está cerca del final.

Una perspectiva más amplia

Las personas empáticas —los soñadores y los idealistas— tenemos ese clase de poder accidental. La mayoría de ellas viven sus primeros años llenos de baja autoestima e inseguridades y desarrollan la costumbre de complacer a los demás. Sin embargo, su viaje se desbarata inevitablemente cuando su vida se viene abajo a causa de una inesperada oscuridad. De pronto, los métodos en los que confiaban ya no parecen proporcionarles la felicidad. Al principio, esta depresión les convence de que nunca más volverán a sentir alegría. Sin embargo, al final los empuja a buscar algo más: amor, justicia y sabiduría. Cuando empieza esta aventura, no hay nada que detenga a un soñador.

¿Y qué pasa cuando los soñadores nos unimos?

Bueno, así es como empezamos a cambiar el mundo.

Las familias, el lugar de trabajo y la sociedad

Aunque este libro ha sido escrito sobre todo para los supervivientes de las relaciones románticas dañinas, el ciclo psicopático del abuso es universal. Se caracteriza por una intensa idealización y el reflejo de la personalidad, seguido poco después por la devaluación y la erosión de la identidad. Sin lugar a dudas, este proceso no se limita a las relaciones románticas, y teniendo en cuenta la alta prevalencia de los trastornos de personalidad del grupo B, es probable que tú o alguien a quien conoces haya experimentado esto con un jefe, un hermano, un amigo, un compañero de trabajo o un vecino.

Puede que en tu familia hayas tenido que relacionarte con un padre que abusó de ti desde la infancia, utilizándote sólo como una herramienta para conseguir lo que quería del resto del mundo, con unas imposibles expectativas sobre ti que no se aplicaba a su propio comportamiento. Si no cumplías con sus estrictas normas, eras rápidamente castigado con el silencio y el ridículo, dejándote con la sensación de que eras un inútil y de que no te quería. Y justo cuando pensabas que no eras capaz de seguir soportándolo, te dedicaba los elogios y te demostraba la admiración que tanto anhelabas. Ibas siempre con pies de plomo, sosteniéndote sobre unos cimientos totalmente inestables. Son necesarios años de terapia y trabajo duro para superar un lavado de cerebro tan persistente.

Es posible que en tu trabajo te hayas encontrado con un compañero manipulador que te sedujo con su encanto pero que luego te apuñaló por la espalda en cuanto consiguió lo que quería. Susurrando frases envenenadas al oído de los demás, su triangulación encubierta puso al resto del personal en tu contra. Si decías algo, parecías un loco porque estabas insultando al empleado favorito de todo el mundo: el que era amable con todos (salvo contigo, de puertas adentro).

Y luego está el jefe psicópata. A menudo, sus carismáticas cualidades le permiten abrirse camino hasta lo más alto con bastante rapidez. Es el gerente que no tiene problema en abusar de ti, porque sabe que no hay nada que puedas hacer al respecto. Como es quien te paga el sueldo, debes aguantar todo lo que te hace para no ser despedido. Se gasta el dinero de la empresa de forma irresponsable, desacredita a otros y se quita de en medio a cualquiera que se interponga en su camino. Aunque es un matón y un manipulador, siempre se las arregla para parecer inocente.

Existe la extraña creencia de que los psicópatas pueden ser útiles, y puede que incluso necesarios, en el lugar de trabajo, que son capaces de tomar esas decisiones difíciles que nadie más puede tomar. Sin embargo, cualquiera que haya tratado con un psicópata en el trabajo desechará inmediatamente esta idea. Los psicópatas causan estragos, provocan daños irreparables y son capaces de destruir toda la cultura de una oficina desde dentro. Logran todo esto pero consiguen parecer inocentes y echarle la culpa a otro. No tienen ningún problema en arruinar la vida de un compañero de trabajo o de un subordinado para seguir avanzando en su carrera. De hecho, esperan hacerlo.

Y por si esto no resulta suficientemente aterrador, piensa que estas personas sienten una atracción patológica por el poder, el dinero y el crimen. Gracias a los estudios del doctor Robert Hare, ya sabemos que los psicópatas suponen un porcentaje inusualmente alto de la población carcelaria. Pero ¿qué pasa con esa gran mayoría de psicópatas que no están en la cárcel? ¿Dónde acaban?

¿En Wall Street? ¿En Washington D.C.?

En estos sitios, las puñaladas traperas y la deshonestidad no sólo son aceptables, sino que es lo que se espera. Los políticos recorren su camino hacia el poder con carisma y grandes promesas, pero nos indignan cuando utilizan su posición para conseguir todo lo contrario. Este comportamiento se ha vuelto tan habitual que las promesas políticas no son más que materia prima para los humoristas. Sin embargo, no tiene ninguna gracia. En realidad resulta bastante aterrador.

Aunque habitualmente somos traicionados por nuestros políticos electos, hemos llegado a creer que este tipo de conducta es algo normal. Creemos que es normal que los adultos se comporten como niños manipuladores, que los políticos hagan promesas que nunca tienen intención de cumplir y que los gobiernos escupan en los compromisos que han jurado defender.

Pero no es normal. Esto no es teatro político. No se trata del poder, que corrompe a hombres y mujeres que antes eran decentes.

Son trastornos de personalidad del grupo B en acción.

Esto es lo que ocurre cuando los parásitos infestan una nación fuerte y triunfadora llena de idealistas y soñadores. Esto es lo que ocurre cuando las personas tóxicas se sienten atraídas por el poder y aprenden cómo conseguirlo. Esto es lo que ocurre cuando nuestros líderes son hipócritas que se creen con derecho a pisotear las leyes cuando en realidad fueron elegidos para velar por su cumplimiento.

Los psicópatas causan daño dondequiera que vayan. En la lucha por comprender a una pareja abusiva, a un compañero de trabajo conspirador, a un padre manipulador o incluso a un líder patológico, todos buscamos un camino muy parecido hacia la libertad. Primero debemos entender que en este mundo hay gente que carece completamente de conciencia y empatía.

Y después, y mucho más importante, aprendemos a valorar estas cualidades en nosotros mismos.

El problema del 15 %

Hay más sociópatas entre nosotros que personas que sufren de ese trastorno tan publicitado que es la anorexia, cuatro veces más sociópatas que esquizofrénicos, y cien veces más sociópatas que personas diagnosticadas con esa plaga conocida como el cáncer de colon.

Dra. Martha Stout, *El sociópata de la puerta de al lado*

Normalmente, las cifras suelen resultarme tediosas, pero creo que éstas son dignas de ser analizadas.

Según los Institutos Nacionales de la Salud de Estados Unidos:

- El 6 % de la población padece el trastorno de la personalidad narcisista (TPN).
- El 5 % de la población padece el trastorno límite de la personalidad (TLP).
- El 2 % de la población padece el trastorno de la personalidad histriónica (TPH).

Y según la Dra. Martha Stout:

- El 4 % de la población padece el trastorno de personalidad antisocial (TAP, sociopatía o psicopatía).

Éstos son los trastornos de personalidad del grupo B, y de acuerdo con las estadísticas anteriores, los padecen más de una persona de cada siete, más del 15 % de la población (estoy redondeando, para tener en cuenta la comorbilidad). Y ahora, considera el hecho de que la mayoría de estas personas son miembros altamente funcionales, no encarcelados y activos de la sociedad. Así pues, teniendo en cuenta estas cifras brutas, es muy probable que, sin que tú lo sepas, te cruces con alguno de estos astutos manipuladores todos los días de camino al trabajo… Puede que incluso hoy, cuando te sirvieron el café de la mañana.

Entonces, ¿cuál es el problema?

El problema es que el público en general no sabe prácticamente nada acerca de estos trastornos increíblemente generalizados. Si les preguntaras a tus amigos qué es el trastorno límite de la personalidad, ¿cuántos de ellos tendrían una respuesta? ¿Y cuántos de ellos tendrían una respuesta precisa?

Asimismo, ¿una persona que padezca el trastorno de personalidad narcisista es sólo alguien que se mira demasiado al espejo? ¿Y una persona con trastorno de personalidad histriónica es alguien que sólo busca mucha atención?

Aunque es probable que comprobaras que la mayoría de la gente ha oído hablar de la psicopatía, ¿qué me dices de la psicopatía más allá de los asesinos en serie y de la serie *Mentes criminales*? ¿Qué hay de los mucho más habituales depredadores sociales cotidianos que hechizan a una persona cuya vida manipulan a su antojo? ¿Qué pasa con el camaleón que destruye a una inconsciente víctima por completo mientras mantiene una actitud inocente?

Los trastornos del grupo B son trastornos de las emociones, la conciencia, la empatía y los sentimientos, posiblemente algunas de las cualidades más importantes del ser humano. Entonces, ¿por qué no se nos habla de estos trastornos en la escuela? ¿Por qué han recibido tan poca atención pública?

Repito: más del 15 % de nuestra población (voy a seguir repitiendo esta cifra) está formado por personas con un grave e incurable trastorno emocional, y aun así, debido al carácter oculto de sus síntomas, no sabemos prácticamente nada sobre ellos. Normalmente, cuando alguien decide informarse sobre los trastornos de personalidad, el daño ya está hecho.

Entonces, ¿cómo identificarlos antes de que sea demasiado tarde?

Los cuatro trastornos del grupo B comprenden varios síntomas, pero todos ellos tienen algo en común: unas emociones humanas poco saludables, inadecuadas, superficiales o totalmente inexistentes. Aunque los síntomas pueden manifestarse de diferente manera en cada individuo y cada desorden, para las víctimas la experiencia es universal: idealización y devastación. Las personas que padecen los trastornos del grupo B son incapaces de establecer vínculos naturales con los demás, y, por consiguiente, intentan imitar esos vínculos (ya sea intencionadamente o no) a través de un ciclo de «mezquindad y dulzura».

Este libro está destinado a los supervivientes de estos traumáticos encuentros, para que puedan empezar a encontrar respuestas y recuperar la cordura. No me detengo demasiado en las menudencias que distinguen los diversos trastornos porque el impacto en los supervivientes de los trastornos del grupo B siempre es el mismo: confusión, desesperanza y una total devastación emocional.

Cuando comprendemos que hay gente que no percibe el mundo como lo percibimos nosotros, todo, por fin, empieza a encajar. En cuanto dejamos de proyectar nuestra conciencia y nuestra bondad inherente en todos los demás, estas inexplicables experiencias empiezan a cobrar todo su sentido. Para muchos de nosotros, estos trastornos son la pieza del rompecabezas que falta y que nos cambiará la vida entera.

Más allá de las señales de alarma, he aquí una breve descripción de los cuatro trastornos:

Trastorno de la personalidad narcisista

Para que a una persona le diagnostiquen el trastorno de la personalidad narcisista, el *DSM-IV-TR (Manual diagnóstico y estadístico de los trastornos mentales)* establece que debe presentar cinco o más de los siguientes síntomas:

- Espera ser reconocido como alguien superior y especial sin logros que lo justifiquen.
- Espera recibir constantemente la atención, la admiración y el refuerzo positivo de los demás.
- Envidia a los demás y cree que otros le envidian.
- Está absorto en ideas y fantasías de enorme éxito, atractivo, poder e inteligencia.
- Carece de la capacidad de empatizar con los sentimientos o deseos de los demás..
- Es arrogante en su actitud y en su comportamiento.
- Tiene expectativas poco realistas de recibir un trato especial.

En sus relaciones interpersonales, esto conduce a una temprana idealización en la fase de la luna de miel, donde te seduce para convertirte en una fuente constante de energía positiva que satisface temporalmente su patológico deseo de ser admirado. Sin embargo, como también es celoso y arrogante, descubres rápidamente que no te dejará ningún espacio para tu felicidad. En cuanto dejes de cumplir con sus constantemente cambiantes exigencias, serás menospreciado y criticado hasta que no te quede nada que ofrecer. El fuerte contraste entre la idealización y la devaluación te hace sentir inútil y te deja roto y confundido.

Trastorno límite de la personalidad

Para que a una persona le diagnostiquen el trastorno límite de la personalidad, el *DSM-IV-TR (Manual diagnóstico y estadístico de los trastornos mentales)* establece que debe presentar cinco o más de los siguientes síntomas:

* Esfuerzos frenéticos por evitar el abandono real o imaginario.
* Un patrón de relaciones interpersonales inestables e intensas *caracterizado por la alternancia entre extremos de idealización y devaluación* [cursiva añadida].
* Alteración de la identidad: marcada y persistente inestabilidad de la imagen de sí mismo o del sentido del yo.
* Impulsividad en al menos dos comportamientos que pueden resultar potencialmente dañinos para el propio individuo (por ejemplo, gastos, sexo, abuso de drogas, conducción imprudente, atracones de comida…).
* Recurrentes conductas, gestos o amenazas suicidas o comportamiento de automutilación.
* Inestabilidad afectiva debida a una marcada reacción del estado de ánimo (por ejemplo, disforia episódica intensa, irritabilidad o ansiedad que en general suele durar unas pocas horas y en raras ocasiones más de unos pocos días).
* Sensación crónica de vacío.
* Ira inadecuada e intensa o dificultad para controlarla (por ejemplo, muestras frecuentes de mal genio, ira constante, recurrentes peleas físicas…).

- Pasajeras ideas paranoicas relacionadas con el estrés o graves síntomas disociativos.

En sus relaciones interpersonales, esto conduce a una temprana idealización en la fase de la luna de miel, donde te seduce para convertirte en una fuente constante de energía positiva que satisface temporalmente su patológico deseo de ser admirado. Sin embargo, como también es celoso y arrogante, descubres rápidamente que no te dejará ningún espacio para tu felicidad. En cuanto dejes de cumplir con sus constantemente cambiantes exigencias, serás menospreciado y criticado hasta que no te quede nada que ofrecer. El fuerte contraste entre la idealización y la devaluación te hace sentir inútil y te deja roto y confundido.

Trastorno de la personalidad histriónica

Para que a una persona le diagnostiquen el trastorno de la personalidad histriónica, el *DSM-IV-TR (Manual diagnóstico y estadístico de los trastornos mentales)* establece que debe presentar cinco o más de los siguientes síntomas:

- Se siente incómodo en situaciones en las que él o ella no son el centro de atención.
- La interacción con los demás se caracteriza a menudo por comportarse de una forma sexualmente inadecuada o provocativa.
- Sus emociones cambian con rapidez y se expresan de forma superficial.
- Utiliza consistentemente el aspecto físico para llamar la atención sobre sí mismo.
- Su forma de hablar es excesivamente difusa y carente de detalle.
- Tiende al drama, la teatralidad y la exageración para expresar sus emociones.
- Es sugestionable, es decir, se deja influir fácilmente por otros o por las circunstancias.
- Considera que las relaciones son más íntimas de lo que son en realidad.

En sus relaciones interpersonales, esto conduce a una temprana idealización en la fase de la luna de miel, donde te seduce para convertirte en una fuente constante de energía positiva que satisface temporalmente su patológico deseo de ser admirado. Sin embargo, como también es celoso y arrogante, descubres rápidamente que no te dejará ningún espacio para tu felicidad. En cuanto dejes de cumplir con sus constantemente cambiantes exigencias, serás menospreciado y criticado hasta que no te quede nada que ofrecer. El fuerte contraste entre la idealización y la devaluación te hace sentir inútil y te deja roto y confundido. (¿Ves a dónde quiero ir a parar con esto?).

Trastorno de la personalidad antisocial

Para que a una persona le diagnostiquen el trastorno de la personalidad antisocial, el *DSM-IV-TR (Manual diagnóstico y estadístico de los trastornos mentales)* establece que debe presentar cinco o más de los siguientes síntomas:

- Incumplimiento de las normas sociales referidas a las conductas que muestran el respeto de las leyes, ejemplificado en repetidos actos que son motivo de detención.
- Manipulación: uso frecuente de subterfugios para influir en los demás o controlarles; empleo de la seducción, el encanto, la palabrería o los halagos para lograr sus objetivos.
- El engaño, como demuestran las repetidas mentiras, el uso de alias o estafar a los demás para el placer o el beneficio propios.
- Impulsividad o falta de planificación.
- Irritabilidad y agresividad, como lo demuestran las repetidas peleas físicas o las agresiones.
- Desprecio imprudente por la seguridad de sí mismo o de los demás.
- Irresponsabilidad constante, como lo demuestran los repetidos fracasos por mantener un comportamiento estable en el trabajo o asumir las obligaciones financieras.
- Falta de remordimientos, como demuestra el hecho de mostrarse indiferente o irracional a pesar de haber lastimado, maltratado o robado a otra persona.

Redoble de tambores, por favor… En sus relaciones interpersonales, esto conduce a una temprana idealización en la fase de la luna de miel, donde te seduce para convertirte en una fuente constante de energía positiva que satisface temporalmente su patológico deseo de ser admirado. Sin embargo, como también es celoso y arrogante, descubres rápidamente que no te dejará ningún espacio para tu felicidad. En cuanto dejes de cumplir con sus constantemente cambiantes exigencias, serás menospreciado y criticado hasta que no te quede nada que ofrecer. El fuerte contraste entre la idealización y la devaluación te hace sentir inútil y te deja roto y confundido.

Pido disculpas por ser redundante, pero tratándose del 15 % de la población, creo que merece la pena repetir estas cosas. Si la opinión que alguien tiene sobre ti pasa de lo más alto a lo más bajo, no es normal. Cuando conoces a alguien con algún trastorno de la personalidad del grupo B, parece que, por fin, todos tus sueños se han hecho realidad. Te colmará de elogios y aparentemente de amor, concentrando toda su energía en ti. Parece que eres la única persona en el mundo.

Sin embargo, como puede verse por los síntomas anteriormente descritos, esta idealización no es auténtica en absoluto. Se basa en la necesidad patológica de algo: puede ser admiración, atención, control o para llenar el vacío. La conclusión es que, sin duda alguna, la idealización no se basa en *tus* cualidades únicas, porque con los trastornos del grupo B no te ven como un ser humano dotado de sentimientos, sino como una forma de suplir cualquier deficiencia emocional que conlleve el trastorno en cuestión. De un modo similar al del lavado de cerebro que practican las sectas, la idealización es sólo una forma artificial de asegurarse tu confianza y tu amor para que al final te conviertas en una fuente fiable que alimente esas necesidades patológicas.

En cuanto dejas de cumplir las exigencias imposibles e impulsivas del psicópata, tu sueño se convierte rápidamente en una pesadilla en la que te sientes constantemente al límite y eres incapaz de expresarte. Todos los gestos de compasión y empatía caen en saco roto; ninguna de tus habituales estrategias interpersonales parece funcionar. Empiezas a creer de verdad que estás loco, aunque nunca te hayas sentido así antes de que esta persona entrara en tu vida. Tu antiguo yo alegre se diluye rápidamente en un paranoico caos de ansiedad, desesperación y obsesión.

Esto es abusivo y destructivo, y creo que algo debe cambiar.

Todo el mundo tiene diferentes opiniones sobre lo que debe cambiar. A medida que la conciencia sigue desplegándose, vemos personas con estos trastornos de personalidad quejándose de que no deben ser discriminadas, porque no tienen otra opción, igual que el color de piel o la orientación sexual. Bueno, la diferencia estriba en que el color de piel no provoca la erosión de la identidad de otra persona. La gente con un color de piel diferente no es inherentemente más proclive a hacer daño a los demás ni los homosexuales están programados para manipular a sus parejas.

Esto es lo que hace de los trastornos del grupo B un tema único y sensible. Permiten que alguien parezca cuerdo y cariñoso (a menudo incluso más que alguien que no padezca uno de estos trastornos), y esa persona utiliza esta apariencia de normalidad para causar daño a alguien lo bastante desdichado como para cruzarse en su camino.

Éste es un problema que no plantea ninguna otra enfermedad mental o física.

Hay gente que puede sentirse llamada a «ayudar» o a «curar» a estas personas. Voy a ser muy franco: éste no es mi problema. Hay psicólogos y científicos que están trabajando muy duro para comprender y tratar estos trastornos. Sin embargo, de momento, siguen siendo incurables, generalizados y no pueden tratarse.

Así pues, dado el problema actual, ¿qué podemos hacer el resto de nosotros para protegernos?

Creo que el primer paso es la educación: hacer correr la voz. Ayudar a la gente a comprender que la mayoría de los psicópatas no son Ted Bundy. Definir el comportamiento tóxico y manipulador como lo que realmente es. Ilustrar las diferencias entre los cumplidos calculados y el amor sano y verdadero.

El siguiente paso es la confirmación: ayudar a las víctimas a salir de la oscuridad, demostrándoles que no están solas. Compartir experiencias y entender cómo fuimos manipulados. Al principio, tu historia puede parecer demasiado demencial para ser expresada en palabras. Pero ése es siempre el caso de la gente que se enfrenta a un trastorno del grupo B. De repente, con las palabras clave y las etiquetas correctas, encontrarás a millones de personas que han vivido esa misma pesadilla.

El siguiente paso es la curación: dejar de centrarse en el abusador para hacerlo en la víctima del abuso. Comprender lo que perdiste realmente en esa experiencia. Y mucho más importante: lo que se puede ganar. Establecer límites sanos y recuperar la autoestima. Examinar tus inseguridades y puntos débiles para que en última instancia puedas iniciar relaciones más felices y sanas.

El último paso es la libertad: en cuanto eres capaz de identificar a las personas tóxicas, te das cuenta de que interactuando con ellas no se puede conseguir nada. En lugar de intentar recomponer a personas rotas, dedicas tu valiosa energía a amigos y parejas que son empáticos como tú. Da igual lo que prometa quien padezca un trastorno del grupo B: no puede cambiar y no lo hará por ti.

Una vez dados estos pasos, hay formas de abordar grandes problemas. Nuestra libertad nos permite vivir una vida segura y sin sufrir daños en nuestras relaciones interpersonales. Pero ¿qué ocurre cuando damos un paso atrás y adoptamos una perspectiva más amplia para considerar nuestra sociedad, las corporaciones, la cultura…? ¿Cuánto daño ha causado ese 15 %?

Tenemos un problema, eso está claro. Pero soy optimista, y los optimistas tenemos nuestra propia necesidad de encontrar soluciones.

¿Qué pasa después?

Aunque parezca improbable, te prometo que, en algún lugar del camino, dejarás de pensar en tu encuentro con el psicópata. Lo recordarás como un momento extraño que, retrospectivamente, casi parece irreal. Ya no es algo intenso y abrumador, sino que ocupa un lugar seguro en tu corazón que, sin hacer ruido, se convierte en algo bueno. A menudo, éste es el momento en que los supervivientes se despiden del foro, algo que siempre me entristece y me hace feliz. Evidentemente, es triste ver cómo se va un amigo, pero es maravilloso ver que un superviviente emocionado se va para explorar una nueva vida. Todos iniciarán un viaje distinto después de haberse curado del encuentro con un psicópata. Algunos quieren seguir adelante con sus vidas y no volver a oír hablar nunca más de un trastorno de personalidad. Otros deciden quedarse y ayudar a otros supervivientes a salir de la oscuridad. Y luego están los que, poco a poco, transforman su encuentro en una mayor comprensión de cuál es el impacto de la empatía y la conciencia en nuestro mundo.

Todo se centra de nuevo en ese problema del 15 %.

Después de haber vivido el ciclo de idealización y devaluación en nuestras propias carnes, lo reconocemos en otros aspectos de la vida. Desde las parejas abusivas a los manipuladores de las corporaciones, pasando por los políticos mentirosos que gobiernan el mundo, hemos llegado a un punto de ruptura. No es posible coexistir con gente que pretende causar daño y controlar a los demás. El mal ya no es un concepto difuso: tiene un nombre. Y a causa de ese nombre, muchos de nosotros ya nos hemos unido y hemos dilucidado lo que en otro momento parecía inexplicable.

Pero teniendo en cuenta ese 15 % de la población, las estadísticas señalan que apenas hemos arañado la superficie. Hay muchos más millones de personas que aún necesitan respuestas; personas buenas y amables a las que han enseñado a dudar de sus mejores cualidades. Soñadores a los que les falta muy poco para encontrar la libertad y cambiar su vida entera.

Desde que emprendimos nuestra misión, el objetivo ha sido llegar a esos soñadores. Me frustra y me entristece pensar en todas esas personas decentes que todos los días se convierten en presas de esos manipuladores encuentros. Y no hay nada que yo pueda hacer al respecto. Sí, hacemos todo lo posible para difundir la conciencia, pero eso consiste sobre todo en llegar a las personas que ya han avanzado lo bastante en su camino para encontrarse con sociópatas, narcisistas, manipuladores o algo parecido.

Esos supervivientes son la excepción que confirma la regla.

¿Qué hay de esa gran mayoría de personas que ni siquiera sabe qué es lo que se acaba de encontrar? ¿Qué hay de esas personas que aún siguen atrapadas en el círculo vicioso de la idealización y la devaluación? ¿Qué hay de esas personas que están viviendo esa pesadilla en lugar de recuperarse de ella? ¿Qué hay de esas personas que aún siguen buscando relaciones destructivas años después de haber sido una víctima por primera vez porque ignoraban que tenían una relación de abuso? ¿Qué hay de esas personas que aún intentan razonar y empatizar desesperadamente con alguien que es psicológicamente incapaz de devolver nada?

Este libro es mi intento de marcar una pequeña diferencia, pero el problema es enorme.

Hay siete mil millones de personas en el mundo. Una de cada siete personas está programada para manipular, explotar, idealizar y despreciar a otros seres humanos. Aunque no se me dan bien las matemáticas, estoy bastante seguro de que el resultado es un billón de personas que padecen un trastorno del grupo B.

Ahora piensa que ese billón de personas son seductores en serie, culos de mal asiento que cambian constantemente de trabajo, delincuentes que no están en la cárcel y gente despiadada que quiere conseguir poder. Buscan constantemente nuevas víctimas, saltando de una a otra a una velocidad increíble. Da la impresión de que una minoría de la población está causando un desproporcionado número de problemas en el mundo.

Entonces, ¿qué se supone que debemos hacer el resto de nosotros?

Si me lo preguntas a mí, creo que hay una batalla a la vista. Pero no una batalla con armas y bombas; será una batalla de la conciencia humana. A lo largo de la historia, la gente ha contado historias de villanos. Desde los cuentos de hadas hasta la música pop, pasando por las pinturas rupestres, siempre se describe el mismo fenómeno: una batalla entre psicópatas y soñadores.

Hemos visto batallas en torno a casi cualquier cualidad humana imaginable: el color de piel, la sexualidad, el género, la etnia… La lista es interminable. Tras décadas de arduo trabajo de activistas de los derechos humanos, la gente deja finalmente de ser idiota y llega a comprender que ninguna de esas cosas tiene nada que ver con el carácter de una persona. Entonces, ¿por qué seguimos perdiendo el tiempo inventando inútiles cazas de brujas cuando hay millones de personas que realmente pueden hacer daño a los demás?

Aquí hay mucho en juego: el futuro de la empatía, la compasión y el amor tal y como los conocemos. Estas cualidades, ¿son puntos fuertes o debilidades? ¿Es la conciencia humana un gran paso para la humanidad o es un punto flaco para ser explotado?

Hay una parte de mí a la que le encantaría irse a vivir a la montaña y no volver a oír nunca más la palabra «psicópata», y estoy convencido de que algún día lo haré. Pero, de momento, otra parte de mí sabe, en el fondo, que este asunto es el más importante de nuestro tiempo. En este mundo hay mucha belleza y mucha magia por la que merece la pena luchar.

Lo que ocurra después depende de nosotros.

EPÍLOGO

La Constante revisitada

¡Vaya aventura la que hemos vivido! Estoy aquí sentado, con tres gatos y una taza de café caliente, preguntándome por qué he tardado tanto en mencionar a mis gatos. A veces son mi Constante. A veces, mi madre es mi Constante. A veces, los miembros de Psychopath Free son mi Constante.

Da la sensación de que, en mi vida, todos se han convertido en una Constante.

Pero, volviendo a mis gatos, me gusta pasear en invierno por la nieve con ellos. Son raros; son como una especie de perros, siguen las huellas que dejo en el bosque. A primera hora de la mañana, pasamos mucho tiempo por ahí, explorando y soñando juntos. Hemos descubierto nuevos secretos no revelados del universo. Hemos aprendido a madurar y a creer de nuevo en el amor. Hemos encontrado esperanza en la bondad de la humanidad. Hemos visto la Luz y la Oscuridad enfrentándose durante toda la eternidad.

Fue en ese momento cuando me di cuenta de algo: yo soy mi Constante. Me encanta pasar ratos a solas y en silencio. Me encanta existir aquí, en este mundo misterioso. Me encanta formar parte de algo mucho más grande que yo. Y me encanta no tener ni idea de qué pasará a continuación.

Pero, por encima de todo, me encanta que la adversidad me haya permitido conocer a algunos de los seres humanos más increíbles que hay en este mundo. Hay algo que nos conecta a todos, estoy convencido de ello. Y, por todas estas amistades, no cambiaría mi experiencia. Ni en un millón de años.

Nuestra aventura apenas está empezando, y ahora que nuestros corazones se han curado, es hora de hacer las mil y una. O al menos eso es lo que me dicen mis gatos.

AGRADECIMIENTOS

No estoy seguro de quién quiere que su nombre se relacione con un libro sobre psicópatas, pero éstas son las personas que hacen que se ilumine mi corazón.

Los miembros del foro

Smitten Kitten, por ser un amigo increíble y recorrer este extraño camino conmigo desde el principio. Peru, por soñar con Psycopath Free y por hacernos reír siempre. Victoria, por ser tu yo compasivo en un millón de sitios a la vez. HealingJourney, por tus hermosos escritos, tu amistad ¡y tu ojo de halcón! Old-Fashioned Girl, por el patinaje sobre hielo y los abrazos. Iris, por ayudar a tantas familias a salir de la oscuridad. MorningAfter, por trabajar duro para cambiar el mundo. Rydia, por todos los cafés, el vino, las correcciones y las risitas. LuckyLaura, por ser tan absurdamente divertido charlar con ella todo el día. Indie917, por tu maravillosa intuición y sentido del humor. Indie Mom, por ofrecer esperanza y recursos a familias de todo el mundo. OutOfTheAshes, por las hilarantes cosas que dices y que no puedo reproducir aquí. Barberable, por tu temprana valentía y tu mágica creatividad. Phoenix, por ser un amigo de verdad en todo esto; me encanta vivir los desafíos y los éxitos contigo. SearchingForSunshine, por las copas al atardecer que algún día nos tomaremos.

Las personas vinculadas al libro

Mi agente, Emmanuelle Morgen, por creer tan firmemente en este proyecto y nuestra misión. Has encontrado el lugar perfecto para este libro, ¡estoy deseando emprender muchas más aventuras contigo! Mi editora, Denise Silvestro, por llenar este libro de esperanza y por creer realmente lo mejor de las personas; y también por incluir todas las referencias a mis gatos.

Las personas felices

Mi madre, por ser la persona más inspiradora y con más buen corazón del mundo. Mi padre, por su inquebrantable apoyo y por enseñarme a tener iniciativa. Doug y Lydia, por ser unos grandes hermanos y mis mejores amigos. Toda mi familia, por las cenas en la casa del lago y los recuerdos más felices. Tania, por hacer que la vida volviera a ser bella. Alex, por mostrarme el amor verdadero. Brian, por enseñarme a escribir. Ryan, por nuestros productivos días de escritura (conocidos también como Super Smash Brothers). Doug, Becky, Brian, Joe, Erin y Amy, por seguir siendo mis maravilloso amigos cuando estaba loco.

Los gatos

Nunc y Mosie, por traer tanta alegría a nuestras vidas. Nelly, por su orgullo gay. Little Guy, por ser el psicópata al que siempre amaré.

RECURSOS

Mientras te documentas, el flujo de información es esencial. Éste es el momento de sobrecargarse de conocimientos, libros y videos. Habrá algunos que te gusten y otros que no. Lo importante es encontrar muchos. Aunque probablemente más adelante te sentirás cómodo quedándote con algunos recursos, ahora tienes la oportunidad de probarlos todos.

En Psychopath Free, nuestro objetivo es ayudarte a curarte de la mejor manera posible. Podría ser a través de este libro y nuestro sitio web o a través de otros cientos de recursos que existen. Esta sección es una manera rápida de que los nuevos supervivientes estén al corriente de la información disponible sobre el tema.

Términos de búsqueda
Además de «psicópata», hay muchos términos que podrían proporcionar algunos recursos muy útiles. He aquí algunas de las palabras más comunes que podrían ayudarte en tu búsqueda:

Psicópata
Sociópata
Narcisista
Trastorno de la personalidad narcisista (TPN)
Trastorno de la personalidad antisocial (TPA)
Trastorno límite de la personalidad (TLP)
Abuso emocional
Abuso psicológico
Maltrato psicológico
Violación emocional
Abuso encubierto
Manipulador emocional

Trastornos de personalidad del grupo B
Psicopatología
Vampiro emocional

Sitios web

Aunque no apoyemos necesariamente ninguno de estos sitios webs o blogs, creemos que todos los supervivientes deberían tener acceso a todos los recursos que hay. Depende de ti decidir lo que ayuda o no a tu proceso de curación.

PsychopathFree.com (artículos y foros de recuperación)
PsychopathyAwareness.wordpress.com (blog y artículos)
LoveFraud.com (blog, artículos y foros de recuperación)
DiscardedIndieMom.com (blog y artículos)
NarcissismFree.com (artículos)
SaferelationshipsMagazine.com (artículos)
AlexandraNouri.com (artículos)
DaughtersOfNarcissisticMothers.com (artículos)
TheAbilityToLove.wordpress.com (artículos)

Grupos de Facebook

¡Los grupos y páginas de Facebook son una forma increíble de ponerse en contacto con otros supervivientes y de confirmar tu experiencia! Aquí sólo figuran unos pocos, pero descubrirás que hay una comunidad entera de ellos.

After Narcissistic Abuse – There is Light, Life, and Love (Después del abuso narcisista – Hay luz, vida y amor)
Narcissistic Abuse Recovery Central (Centro de Recuperación del Abuso Narcisista)
Respite from Sociopathic Behavior (Alivio del comportamiento sociopático)
Psychopath Free (Libre de psicópatas)
The Empathy Trap Book (El libro de la trampa de la empatía)

Libros

Dangerous Liaisons (Claudia Moscovici)

The Seducer (Claudia Moscovici)

El sociópata de la puerta de al lado (Martha Stout)

In Sheep's Cloting (George Simon)

Women Who Love Psycopaths (Sandra Brown)

Cómo detectar a un hombre peligroso antes de que entre en tu vida (Sandra Brown)

Sin conciencia (Robert Hare)

Discarded (Indie Mom)

The Survivor's Quest (HealingJourney)

The Empaty Trap (Jane McGregor y Tim McGregor)

The Sociopath at the Breakfast Table (Jane McGregor y Tim McGregor)

Out of the FOG (Gary Walters)

The Smart Girl's Guide to Self-Care (Shahida Arabi)

¿Por qué se comporta así? (Lundy Bancroft)

Snakes in Suits (Paul Babiak)

Narcissistic Lovers (Cynthia Zayn)

The Wizard of Oz and Other Narcissists (Eleanor Payson)

Help! I'm In Love with a Narcissist (Steven Carter)

What Makes Narcissists Tick (Kathy Krajco)

Malignant Self-Love (Sam Vaknin)

Alertas rojas de estafa amorosa (Donna Andersen)

Artículos

Para una recopilación ampliada de enlaces, artículos y videos, consulta nuestro inventario y agrega cualquiera que se nos haya podido olvidar en:

Resources.PsychopathFree.com

Apéndice

El test del psicópata

En sus relaciones, los psicópatas muestran un conjunto específico de patrones. Este test de trece preguntas puede ayudarte a ti (o a un amigo) a averiguar si podrías estar saliendo con una persona tóxica.

Asigna a cada pregunta el número de respuesta correspondiente y añádelo a la puntuación total. Por ejemplo, si respondes (1) a la primera pregunta y (4) a la segunda, tienes un total de 5 puntos hasta el momento. Al final, comprueba en qué rango figura la puntuación total. Si, como a mí, se te dan mal las matemáticas, puedes hacer el test online en Test.PsychopathFree.com, que hará el cómputo de los resultados por ti.

A. ¿Esta persona cumple sus promesas?

1. Sí, por supuesto. Siempre que mi pareja hace una promesa puedo confiar en que la cumplirá.
2. Sí, suele cumplir sus promesas y su comportamiento se ajusta mucho a lo que dice.
3. A veces. Aunque no es muy de fiar, de vez en cuando sus actos se ajustan a lo que dice.
4. No, sus actos nunca parecen ajustarse a lo que dice. En general, he aprendido a no comentarlo, porque si lo hago, parezco una persona sensible y desquiciada.

B. ¿Crees que tu pareja entiende tus sentimientos?

1. ¡Es muy empática y compasiva! Siempre parece entenderme. Si alguna vez le planteo alguna preocupación, sé que me escuchará y me entenderá.
2. En realidad no, pero siempre ha sido así. Incluso al principio de la relación, nunca fue especialmente solícito. Aunque puede ser bas-

tante egocéntrico, en general suele estar ahí cuando necesito ayuda de verdad.

3. Es bastante empático, y no necesito nada más.

4. Ya no. Intento explicarle cómo se sentiría si estuviera en mi lugar, pero eso parece molestarle o me castiga con su silencio. Eso me vuelve loco.

C. ¿Es posible que esta persona sea hipócrita?

1. Nunca ha sido hipócrita y no me juzga por mis errores. No cree que esté por encima de las normas.

2. Si lo es, no me he dado cuenta. Al fin y al cabo, todos somos humanos.

3. A veces, pero es capaz de admitir un defecto si se lo señalas.

4. Aunque parece tener expectativas muy altas con respecto a mí, se comporta como si esos mismos baremos no fueran aplicables en su caso.

D. ¿Miente en alguna ocasión?

1. No, nunca me mentiría.

2. No más que cualquier otra persona. A veces se dicen mentiras piadosas.

3. Aunque miente de vez en cuando, no parece que sea algo malicioso o intencionado. Si le pillas, parece incómodo y avergonzado.

4. Sí, y nada parece ser culpa suya. Siempre tiene una excusa para todo, incluso para cosas por las que no hay que excusarse.

E. ¿Esta persona rechaza el cariño o te lo niega?

1. No, mi pareja nunca emplearía estas tácticas en nuestra relación. Si alguna vez tenemos problemas, simplemente los comentamos. No nos ignoramos, esperando que alguno de los dos dé el primer paso.

2. No, no tengo la sensación de que se esté alejando o tratando de evitarme. Después de una discusión, podría quedarse callado o algo así, pero eso es todo.

3. Algunas veces, pero ha sido así desde el principio de nuestra relación. Estaría bien tener consistencia con mi pareja, pero no pasa nada si no tengo noticias suyas durante unos días.

4. Sí, y realmente me confunde después de lo atento que fue al principio de nuestra relación. Es como si estuviera poniendo excusas constantemente sobre por qué no puede hablar o pasar tiempo conmigo.

F. ¿Cuáles son tus sentimientos con respecto a la relación?
1. Me siento tranquilo y seguro en mi relación. Ha sido consistente desde el principio.
2. En general, soy feliz con mi relación y sé que puedo hablar con mi pareja si tengo alguna inquietud.
3. Aunque no soy feliz del todo en la relación, aún me siento cómodo expresando mis opiniones y frustraciones.
4. Solía ser una persona de trato fácil, pero ahora tengo celos, estoy desesperado y soy dependiente a todas horas.

G. ¿Tienes miedo de perder a esta persona?
1. ¿Por qué iba preocuparme por perder a mi pareja? Sé que nuestro amor es mutuo y que tenemos una relación sana. Es algo en lo que ni siquiera se me ocurriría pensar.
2. No, ambos disfrutamos de la compañía del otro y compartimos los sentimientos con respecto a la relación.
3. Aunque no estoy seguro al cien por cien sobre nuestra relación, no creo que me deje.
4. Sí, después de que al principio me colmara de atenciones y elogios, de repente parece huraño y falto de interés. Me preocupa que cualquier discusión pueda ser la última.

H. ¿Confías en tu pareja?
1. Absolutamente, le confiaría mi vida.
2. Claro, no hace nada que me haga desconfiar.
3. No del todo, porque parecía que se convertía en otra persona a medida que pasaba el tiempo, de modo que nunca sabía qué podía esperar.
4. No. No puedo explicar por qué, pero a menudo acabo haciendo de detective y analizando lo que dice.

I. ¿Hay dramas en tu relación?

1. Rara vez discutimos, porque, de una forma natural, entendemos cómo se siente el otro. No intentamos que el otro esté celoso o crear tensiones innecesarias. Ambos nos esforzamos por construir una confianza mutua.

2. Los dramas habituales que hay en cualquier relación. Nada que no hubiera vivido con mis otras parejas.

3. Aunque discutimos mucho, nunca se plantean los mismos problemas una y otra vez. Sin embargo, me gustaría tener una relación con menos discusiones.

4. Aunque me dijo que odiaba los dramas, hay muchos. Siempre estamos discutiendo por las mismas cosas. Tengo la sensación de que monta un escándalo y luego me juzga por reaccionar.

J. ¿Cómo lleva el aburrimiento tu pareja?

1. Nunca se aburre, y disfruta de los ratos que pasa a solas sumido en sus pensamientos.

2. Le aburren las tareas cotidianas, pero ¿acaso no nos pasa todos?

3. Aunque se aburre con bastante facilidad, no le importa pasar ratos a solas.

4. Siempre está aburrido y reclama constantemente la atención de los demás.

K. ¿Qué hay de su ex?

1. Nunca ha mencionado a su ex; en nuestra relación nunca se ha hablado de eso.

2. Tiene buena relación con su ex, aunque no habla mucho con él. Así pues, no supone ningún problema en nuestra relación.

3. Es amigo de su ex y eso me hace sentir incómodo. Pero siempre han sido amigos, por lo que no puedo decir nada.

4. Dice que su ex está «loco» y que siente celos de nosotros. Aunque no tengo nada por lo que preocuparme, por algún motivo sospecho que aún siguen hablando. Me siento como si estuviera compitiendo constantemente con otros por la atención de mi pareja.

L. ¿Cómo era tu relación al principio?

1. Éramos grandes amigos. No fue algo rápido; simplemente nos reíamos y nos divertíamos juntos. A todos mis amigos y a mi familia les cayó muy bien, y desde entonces hemos sido felices juntos.

2. Fue igual que cualquier otra relación que empieza. Nos conocimos y vimos que teníamos muchas cosas en común. Aunque ya no hay tanta chispa como entonces, aún seguimos estando muy bien. En el caso de que hubiera una luna de miel, no consumió mi vida.

3. Al principio no hubo nada especial. Tuvimos unas cuantas citas; aunque vi algunas cosas que no me gustaban (como ser grosero con un camarero), todo parecía estar bien. A medida que nos íbamos conociendo, me sentía cada vez más cómodo.

4. ¡Abrumadora! Era mucho más atento que mis otras parejas. Parecía tener en común conmigo todas las cosas importantes, lo que daba a entender que éramos perfectos el uno para el otro. Me mandaba mensajes de texto constantemente y parecía estar enamorado de todo lo que yo era.

M. ¿Cómo te trata esta persona?

1. Va un poco más allá para escuchar cómo me siento y entenderme. Siempre me siento respetado en mi relación. Si le menciono una inquietud, siempre está dispuesto a hablar de ello y a mejorar su comportamiento a favor de la relación.

2. Me trata igual que todo el mundo. Bromeamos, nos divertimos y disfrutamos de la compañía del otro. Nos tratamos mutuamente como adultos.

3. En general, no suele ser muy amable conmigo, aunque siempre ha sido así. Pero como no necesito demasiado cariño ni mimos, no pasa nada.

4. Ya ni lo sé. Tenemos buenos días que se parecen a los del principio de la relación, pero, en general, es despectivo y crítico o me ignora. Me siento susceptible y desquiciado por sentirme herido por su comportamiento.

Resultados:

13-20: **¡Estás con una buena persona de verdad!**

¡Una gran noticia! Esta persona parece ser todo lo contrario de un psicópata. Es empática, cálida y cariñosa. Sus intenciones son sinceras y su comportamiento lo refleja. ¡Te deseo una relación duradera y feliz!

21-30: **No es un psicópata**

¡Buenas noticias! Esta persona no parece un psicópata. Hay altibajos, como en cualquier relación normal. Sin embargo, mientras seas feliz, ésta es probablemente una dinámica sana.

31-41: **Podrías estar con un psicópata**

¡Ten cuidado! Hay algunas señales de alarma con respecto a esta persona. Puede que sea un psicópata o no, pero la conclusión es que mereces tener una relación con alguien que te haga feliz, alguien que sea empático, bueno y compasivo. ¿Crees que esta persona posee estas cualidades?

42-52: **Definitivamente, estás con un psicópata**

¡Cuidado! Esta persona posee la mayoría de los rasgos de un psicópata. ¿Estás constantemente al límite con esta persona? ¿Pasaste de sentirte eufórico y alegre a estar ansioso y frenético? ¿Te triangula con algún ex o con otras potenciales parejas? ¿Te disculpas y lloras más de lo que lo habías hecho en toda tu vida? ¿Crees que has perdido la conciencia de ti mismo desde que empezó esta relación? Las parejas sanas y cariñosas no deben hacerte sentir mal contigo mismo. Sin embargo, con los psicópatas, el abuso siempre empieza después de que hayas mordido el anzuelo.

Respuestas de la encuesta de PsychopathFree.Com

Desde que se publicaron por primera vez, las «Treinta señales de alarma» han sido compartidas en cientos de miles de ocasiones en toda la red. Cuando el recurso se hizo popular, me parecía importante que cada señal de alarma fuera precisa y reconocida por todos los supervivientes y no una mera lista de las experiencias de Jackson en la que se cambiaba el pronombre «yo» por «tú».

Así pues, el estadístico que llevo dentro elaboró una encuesta para que, anónimamente, todos los supervivientes calificaran cada señal de alarma en una escala de uno a cinco, de «Totalmente en desacuerdo» a «Totalmente de acuerdo», junto con una sección libre para publicar respuestas que a mí se me podrían haber pasado por alto. Pensé que quizás una docena de personas podrían dedicar un rato a llenar esos vacíos y a poner los puntos sobre las íes.

Así pues, imagínate cuál fue mi sorpresa cuando más de mil supervivientes decidieron compartir sus comentarios. Mayoritariamente, todas las señales de alarma obtuvieron la respuesta de «Totalmente de acuerdo», algo que me resultó muy impactante. Sin embargo, como algunos les dieron una calificación ligeramente más baja, decidí volver a analizarlas y mejorarlas con vistas al nuevo libro. Las señales de alarma actualizadas de este libro están directamente inspiradas en las frases más repetidas por supervivientes de todo el mundo. Y como el resto de cosas que escribo, siempre es un trabajo en proceso de elaboración, por lo que te invito a compartir tus comentarios y críticas en Survey.PsychopathFree.com.

Resultados:
Gráficos según la media ponderada, en los que Totalmente de acuerdo = 5 y Totalmente en desacuerdo = 1.
Eje inferior: Neutral = 3 (es decir, ninguna de las señales de alarma obtuvo un promedio inferior a 3,5, que equivale a Neutral/De Acuerdo).
Todas las señales de alarma obtuvieron una respuesta mayoritaria de «Totalmente de acuerdo».
Distribución de porcentajes: Totalmente de acuerdo: 59 %, De acuerdo: 22 %, Neutral: 11 %, En desacuerdo: 5 %, Totalmente en desacuerdo: 3 %.

Frases habituales extraídas de las respuestas de los supervivientes:

Erosionaron mis límites.

Me rebajé a pedir perdón a pesar de que era culpa suya.

Un camaleón capaz de adaptarse a cualquier situación.

Montaba escándalos.

El abuso era sutil y encubierto.

Parecía divertirse cuando yo estaba en un mal momento.

Le suplicaba.

Tenía una mirada ausente cuando yo estaba dolido.

Mi vida se convirtió en un caos total.

Infancia misteriosa.

Su padre no le hacía caso.

Temas relacionados con su madre.

Alcohol y adicciones.

No me dejó pasar página, la ruptura fue repentina.

Chismorreaba acerca de mí.

Control por hipnosis y programación neurolingüística.

Flirteaba/triangulaba con todo el mundo.

Se convirtió en mi vida entera y me quedé aislado.

Apela a la compasión.

Palabrería carente de sentido.

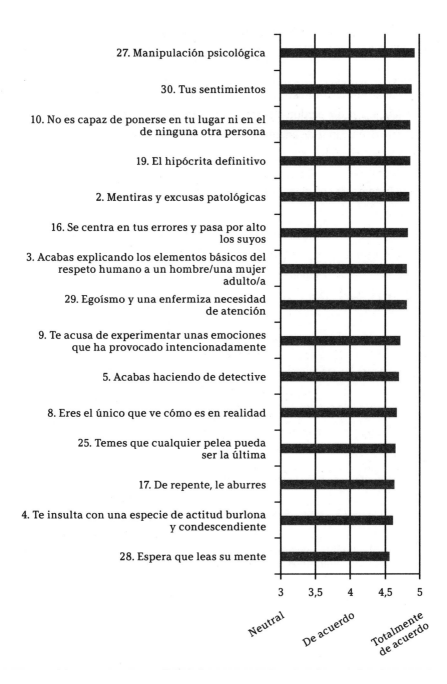

	27. Manipulación psicológica
	30. Tus sentimientos
	10. No es capaz de ponerse en tu lugar ni en el de ninguna otra persona
	19. El hipócrita definitivo
	2. Mentiras y excusas patológicas
	16. Se centra en tus errores y pasa por alto los suyos
	3. Acabas explicando los elementos básicos del respeto humano a un hombre/una mujer adulto/a
	29. Egoísmo y una enfermiza necesidad de atención
	9. Te acusa de experimentar unas emociones que ha provocado intencionadamente
	5. Acabas haciendo de detective
	8. Eres el único que ve cómo es en realidad
	25. Temes que cualquier pelea pueda ser la última
	17. De repente, le aburres
	4. Te insulta con una especie de actitud burlona y condescendiente
	28. Espera que leas su mente

3   3,5   4   4,5   5

Neutral   De acuerdo   Totalmente de acuerdo

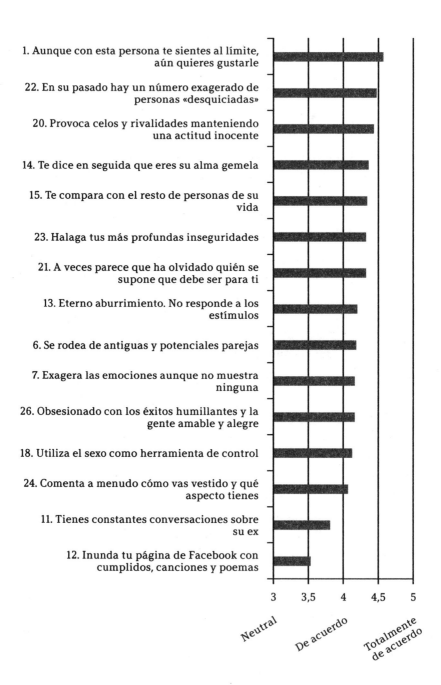

ÍNDICE

¿A qué demonio conoces tú? ¿A tu exmarido embaucador y mentiroso? ¿A tu sádica profesora de gimnasia de secundaria? ¿A tu jefe que disfruta humillando a las personas en las reuniones? ¿Al colega que te robó tu idea y se la hizo suya? En las páginas de *El sociópata de la puerta de al lado*, te darás cuenta de que lo de tu ex no sólo fue un malentendido. Él es un sociópata. ¿Y tu jefe, tu maestro o tu colega? También pueden ser sociópatas.

Estamos acostumbrados a pensar en los sociópatas como en criminales violentos, pero en *El sociópata de la puerta de al lado*, la psicóloga de Harvard Martha Stout revela que un 4% de la gente común –uno de cada veinticinco– tiene un trastorno mental a menudo no detectado, cuyo principal síntoma es no poseer conciencia. Se trata de personas que no tienen la capacidad de sentir vergüenza, culpa o remordimiento. Podría ser tu colega, tu vecino, incluso un miembro de tu familia. Y pueden hacer literalmente cualquier cosa y no sentir culpa alguna, vergüenza o remordimiento.

En *El sociópata de la puerta de al lado*, la doctora Stout nos enseña cómo identificar a los sociópatas y cómo protegernos de los que se cruzan en nuestro camino, y que ya pueden estar causando estragos en nuestras vidas.

El abuso verbal puede vestirse de muchos trajes puede ser un abuso sutil o bien un abuso descarado pero siempre hace que quien sufre el abuso se sienta tratada con desconsideración. Pregúntate acerca de tu «Príncipe azul» convertido hoy, incomprensiblemente, en tu pareja abusadora: ¿Usa tonos de voz desaprobadores, acusadores o sarcásticos? ¿Hace comentarios hirientes o críticas sobre tu apariencia o sobre lo que dices o haces? ¿Tiene una conducta insensible precisamente cuando te sientes vulnerable? ¿Te interrumpe siempre o te responde ignorándote o con silencios? ¿Te humilla en público o en privado?

Éste no es un libro fruto de la mera reflexión de laboratorio: cuanto en él se afirma procede de la experiencia real de mujeres (y hombres también) que han sufrido en su propia carne el abuso verbal.

Ofreciéndote las herramientas apropiadas para un cambio radical en tu vida, el presente libro te enseñará cómo liberarte del miedo, el dolor y la confusión emocional tanto si decides seguir con tu pareja abusadora como si decides abandonarla.